Peter Modler

FÜR WANDERER UND KRIEGER

Peter Modler

FÜR WANDERER UND KRIEGER

Männergebete

HERDER

FREIBURG · BASEL · WIEN

www.herder.de

Umschlaggestaltung
Finken & Bumiller, Stuttgart
Titelbild
Michelangelo, David (1501–1504), Florenz, Accademia

Innengestaltung
Weiss – Graphik & Buchgestaltung, Freiburg

Herstellung
fgb · freiburger graphische betriebe
www.fgb.de

Gedruckt auf umweltfreundlichem,
chlorfrei gebleichtem Papier
ISBN 3-451-28372-7

Einleitung

CONAN BETET NICHT

Kindliche Könige

Wenn ich mit Männern über ihre berufliche Zukunft rede, wundere ich mich oft über die einfachen Ideen, die viele von ihrer Laufbahn haben. Sie stellen sie sich merkwürdig stromlinienförmig vor, linear, störungsfrei, irgendwie wirkt es zurechtgedacht. Hier ein tolles Zeugnis, da ein passgenaues Praktikum, diese Aufgabe, jene Beförderung und schon stoße ich vor zur Spitze der Pyramide. Aber was will ich da eigentlich? So etwas sein wie ein kindlicher König, dessen Spielzeuge nur teurer und aufwendiger geworden sind, als sie es seinerzeit im Kinderzimmer waren?

Ein erwachsener Mann kann viele Lebenswege wählen. Natürlich kann er sich auch für den Aufenthalt in kindlichen Welten entscheiden. Genau das ist es ja auch, was Männern heute von ihrer gesamten Umwelt in den industrialisierten Ländern empfohlen wird. Es läuft auf einen etwas beschränkten Materialismus hinaus: der Sportwagen, von dem du seit deiner Pubertät immer geträumt hast; ein Gehalt, das dir Ferien in jedem Luxusort der Welt ermöglicht; ein Waschbrettbauch, den dir dein Fitness-Studio verschafft hat; Digitalschnickschnack hier, Markenklamotten dort, wechselnde Beziehungen mit schönen Frauen, kurz: ein Leben in Unreife und Harmlosigkeit.

Spätestens ab vierzig dämmert Männern langsam, dass so ein Große-Buben-Leben doch nicht alles gewesen sein kann, was ein Mann mit seiner Energie und Intelligenz auf Erden tun kann.

Die Tabus früherer Zeiten haben wir heute nicht mehr. Über Techniken der sexuellen Befriedigung kann man auch mit Unbekannten bei jedem Barbesuch reden. Aber sobald jemand anfängt, religiöse Fragen einzugestehen oder gar sich für alte spirituelle Traditionen zu interessieren, erfolgen Abstoßungsreaktionen. Als so etwas wie ein Fundamentalist dieser oder jener Konfession möchte man dann doch nicht gelten. Reden wir lieber über die Börsenkurse, über die Nullen an der Regierung oder über das tolle Dekolletee da hinten. Aber über meine Seele? Über eine Berufung? Über das, was bleiben wird von uns?

Kirchen sind für viele Männer exotischere Orte geworden als die entlegensten Szenekneipen. Wenn überhaupt, dann haben die meisten Männer eine Kirche zum letzten Mal wegen ihrer Kinder betreten (wenn sie welche haben), vielleicht waren auch eine Hochzeit oder eine Beerdigung der Anlass. Das waren dann auch die letzten Gelegenheiten, bei denen sie noch mit den Worten eines Gebets in Berührung kamen. Vermutlich jedes Mal ein etwas bizarres und fremdes Erlebnis. Die gehörten Begriffe klangen merkwürdig nach Vergangenheit und schienen mit ihrem eigenen Leben wenig bis gar nichts zu tun zu haben.

Tatsächlich gibt es seit langem eine Bewegung in den westlichen Ländern, die Männern das Gefühl vermittelt, dass hier jedenfalls nicht ihr Platz ist. Eher noch scheint es der von Frauen zu sein. Sie haben unermüdlich und zu Recht (!) darauf aufmerksam gemacht, dass sie in christlichen Gottesdiensten und Feiern mit ihrem Geschlecht auch vorkommen möchten. Nun kommen Frauen (und Kinder) in einem Ausmaß vor, dass viele Männer endgültig wegbleiben. Was sollen sie noch hier? Man kann so viel nützlichere Dinge tun.

Der Ausfall der Väter

Hinzu kommt gerade bei jüngeren Männern eine tiefe Verunsicherung über ihre eigene Rolle. Denn sie sind nun schon die dritte Generation ohne Initiation in ein männliches Leben. Ihre Großväter waren während des Krieges oder der Gefangenschaft abwesend und im folgenden Wirtschaftswunder immer noch; in dieser Zeit bekamen kleine Jungen ihre Lebenseinführung von den Müttern.

Als sie selber groß waren, waren sie in den Sechziger Jahren angelangt und hatten nichts Eiligeres zu tun, als alles klein zu machen, was mit väterlicher Autorität zu tun hatte. Nun sind die jungen Männer groß geworden, die diese 68er als Väter hatten, und sie stehen mit ihrer Suche nach männlichen Vorbildern ratlos da. Oft sind diese jungen Männer von Frauen erzogen worden, die nach einer schmerzlichen Trennung mit den Kindern allein blieben und versuchen mussten, ihren kleinen Jungen Orientierung zu geben. Tragischerweise gibt es aber Dinge, die ein Junge nur von einem Mann lernen kann, nicht von einer Frau, mag sie es noch so gut mit ihm meinen.

Das Versagen der jetzigen Vätergeneration gegenüber den nun erwachsen gewordenen Kindern hat weit reichende Konsequenzen auch für ein spirituelles Leben. Denn was bedeutet es für jemanden mit einer solchen Biographie, wenn ihm Gott als ein Vater vorgestellt wird, er von väterlicher Liebe hört, von der zugeneigten Nähe dieses göttlichen Vaters? Zuerst wohl nur Irritation. Wer sich als Sohn seines leiblichen Vaters desorientiert fühlte, hat vermutlich auch seine Probleme mit diesem Bild.

Offenheit für das, was kommt

Männer haben einen Hang, Dinge zu planen. Das ist dann erträglich, wenn die Pläne groß genug sind. Wenn Männer sich aber mit ein paar mickrigen, kleinen Blaupausen begnügen, auf denen nur noch verwischte Skizzen stehen von dem, was sie sich einmal erträumt hatten, dann ist etwas ganz grauenvoll danebengegangen.

Deshalb finde ich Beten für Männer so wichtig. Beten ist ein Korrektiv gegenüber den Versuchungen, sich kleiner zu machen, als man ist. Beten bringt Träume zurück. Beten hilft dabei, neu anzufangen, auch wenn man noch so festgefahren scheint. Im Beten kann man einen Atem spüren, der mehr Sauerstoff hat als der eigene. Im Gebet lerne ich Offenheit für das, was mir entgegenkommt, und zumindest ein bisschen Neugier auf das, was wie eine Störung meiner Pläne aussieht – aber womöglich viel mehr ist. Beten erhebt mich über den Wald meiner Probleme und rückt sie auf die Ebene, auf die sie gehören. Gott ist größer als meine Mikro-Welt.

Im Gebet nehme ich Kontakt auf zu jemandem, der weiß, wie es mir geht (aus eigener Erfahrung), und der in seinem menschlichen Leben die gleiche Abscheu vor frömmlerischem Gequatsche hatte wie viele Männer heute. Ich spreche mit jemandem, der zu jeder Zeit für mich da ist, ohne vereinbarte Termine. Immer. Mit wem sonst soll ich über das reden, was mich im Innersten betrifft? Mit wem sonst als dem, der den Kosmos gebildet und mich auf der Erde als Erster willkommen geheißen hat?

Gebete sind weder Gedichte noch Tagebuchauszüge. Gebrauchsanweisungen sind sie auch nicht, für gar nichts. Gebete für andere aufzuschreiben, ist eigentlich nur zu rechtfertigen, wenn man eine gewisse Sprachlosigkeit (bei Männern) wahrnimmt und dann ein paar Vorschläge macht, wie man das ausdrücken könnte – im Angesicht Gottes. Aber mehr ist es dann auch nicht als Material für eine Baustelle, auf der jeder sein Eigenes zu erstellen hat.

Es versteht sich von selbst, dass diese Gebete für Männer keine Einreden gegen die spirituellen Aufbrüche von Frauen sind. Es geht nur um verschiedene Wege, die man wechselseitig respektieren darf. Starke Frauen brauchen starke Männer, und um dazu zu werden, müssen sich Männer auf ihren ganz eigenen Weg machen.

Erst als ich mit dem hier folgenden Kapitel der „neuen" Gebete fertig war, fiel mir auf, dass diese Gebete entfernt denen ähneln, die zu einer sehr alten Tradition gehören, den Psalmen nämlich. Vielleicht liegt es daran, dass ich selbst seit Jahrzehnten regelmäßig Gast in Klöstern bin, die nach der Regel des heiligen Benedikt leben. In diesen Gemeinschaften betet und singt man in einer Woche alle hundertfünfzig Psalmen der Bibel, jede Woche, jedes Jahr, jedes Jahrhundert. Diese Psalmen sind rund 2500 Jahre alt, manche von ihnen stammen von dem legendären Dichter-König David. Wenn man sie oft genug gehört hat, bekommt man von ganz allein eine Ahnung, wie Beten gehen könnte.

Conan und der Christo-Phoros

Ich glaube, dass es bei jedem Mann ein tiefes Bedürfnis nach Kontakt mit etwas gibt, was größer ist als er selbst und ihn zutiefst herausfordert. Männer suchen instinktiv nach einem Ziel, das von ihnen alles verlangt.

Die Legende des Christophorus, des Christus-Trägers, empfinde ich als besonders typisch dafür. In dieser Legende aus dem frühen Mittelalter zieht ein starker Krieger durch das Land, der den mächtigsten Herrscher der Welt sucht, um ihm zu dienen. Vielleicht muss man sich diesen Kämpfer als eine Art Conan, der Barbar, vorstellen. Schließlich findet der Krieger einen König, der alles in den

Schatten stellt, was er bis dahin gesehen hatte. Bei dem bleibt er – für begrenzte Zeit.

Denn eines Tages bekommt er mit, welch große Angst dieser König vor einem gewissen Satan hat. Ganz offensichtlich hat dieser Machthaber mehr zu sagen als der König. Von da an ist der Krieger unterwegs zu Satan, und als er ihn findet, tritt er ohne zu zögern in seinen Dienst.

Aber nach einiger Zeit muss er erleben, wie dieser Satan-Superman vor einem Wegkreuz zurückweicht, und ihm wird klar, dass es jemanden geben muss, der auch Satan überlegen ist. Er verlässt seinen Herrn und macht sich wieder auf die Suche.

Ein Einsiedler gibt dem Krieger Antworten auf seine Fragen, wie er diesen noch Stärkeren finden kann, von dem er mittlerweile weiß, dass er Christus heißt. Als ihm der heilige Mann zu fasten empfiehlt, kann der Krieger nur abwinken: das ist nichts für ihn. Als der Eremit ihm rät zu beten, erklärt ihm der Krieger, er wüsste nicht, was man da machen soll. Es versteht sich sozusagen von selbst, dass einer wie Conan gerade nicht betet.

Schließlich weist ihn der genervte Heilige auf einen reißenden Strom hin, in dem schon viele Menschen ertrunken waren. Der Krieger begibt sich zum Fluss und trägt von da an jeden, der hinüber will, durch das Wasser.

Nach vielen Tagen bittet ihn auch ein kleines Kind darum, auf seinen Schultern ans andere Ufer getragen zu werden. In der Mitte des Flusses angekommen, wird dem Krieger die Last des Kindes so unendlich schwer, dass er fast daran umkommt. Als er entkräftet das andere Ufer erreicht, offenbart ihm das Kind, dass es der Herr ist, den er so lange gesucht hat. Von da an heißt der Krieger „Christo-Phoros", der Christusträger.

Das ist eine Männergeschichte. Nicht zuletzt deshalb, weil sie mit einer kindlich-naiven Freude an der eigenen Kraft beginnt und einer aggressiven Suche nach dem Mächtigeren. Männer bewegen sich ihr Leben lang in den Koordinaten von Macht und Herrschaft, auch und gerade wenn sie darunter leiden, dass sie Ohnmacht aushalten müssen. Und es ist vielleicht auch typisch, dass dieser Mann nicht durch Reflexion am Schreibtisch oder durch betroffenen Austausch mit anderen Erkenntnis gewinnt, sondern durch Versuch und Irrtum: Er muss das ausprobieren. Er muss sich beweisen, er ist allein unterwegs, er hält durch gegen Widerstände. Er fühlt sich erst erlöst, als er sich einem Stärkeren unterwerfen darf. Von da an ist er treu.

Sind Männer tatsächlich so einfach gestrickt? Vermutlich mehr, als sie sich eingestehen möchten.

Darum ist dieses Buch ein Buch für Wanderer und Krieger. Männer bleiben ihr Leben lang solche Wanderer und Krieger. Jeder Mann kennt die Zeiten, in denen er nicht nur zur Einsamkeit gezwungen ist, sondern sich Zeiten des Alleinseins bewusst wählt, ganz gleichgültig, ob er in Beziehungen lebt oder nicht. Jeder kennt die Freude an der eigenen Aggression, mit den Waffen des Intellekts oder mit körperlicher Gewandtheit. Jeder weiß im Innersten, dass es einen Weg gibt, auf den nur er sich aufmachen kann, den auch nur er kennen kann.

Jeder ist sich eigentlich dessen bewusst, dass der uns täglich begleitende materielle Ballast Wanderschaft eher behindert. Jeder Mann möchte Macht haben (er muss nur aufpassen, dass er sie nicht verletzend einsetzt). Jeder möchte wissen, wo sein ganz eigener Platz ist, jeder möchte sich an anderen messen. Jeder ist ein Wanderer und ein Krieger zugleich, egal in welcher beruflichen Funktion, egal ob mit Familie oder nicht. Jeder Mann folgt auf mehr oder weniger bewusste Weise einer Berufung.

Der Krieger und die Nacht

Es ist vielleicht nicht besonders angenehm, aber man muss das aussprechen: Unser Weg geht auf den Tod zu. Menschen haben nur ein Leben. Dieses Leben ist ihre einzige Chance. Man kann sie auch vertrödeln und verpassen.

Es gibt viele Männer, die sich heute mit sehr wenig zufrieden geben. Regelmäßiger kleiner Sex; ein Job, wo ich mich jede Woche auf Freitagnachmittag freue, weil dann endlich Wochenende ist; Routine, wohin das Auge blickt. Mit den Jahren immer etwas depressiver, irgendwann krank und dann endlich die Rente im Visier, mit der das „eigentliche" Leben beginnen könnte.

Das kann es doch nicht gewesen sein?

Das wird es nur dann gewesen sein, wenn wir uns dafür entschieden haben.

Einer dieser Wanderer und Krieger, der selbst einen hohen Preis für seine Berufung gezahlt hat, drückt das so aus:

> „Wir haben das Feuer in unseren schlafenden Herzen herunterbrennen lassen. [...] Wie viele sind unter uns, die wirklich in der Tiefe ihres Herzens in der wilden Hoffnung auf einen Neuguss unserer Erde erzittern? Wer sind jene, die auf ihren Schiffen inmitten unserer Nacht den

ersten blassen Schimmern eines wirklichen Sonnenaufgangs entgegenfahren?"[1]
Pierre Teilhard de Chardin

Beten wir, dass wir dabei sein werden.

Freiburg, im Mai 2004
Peter Modler

Dem eigenen Stern folgen

NEUE GEBETE FÜR MÄNNER

Arbeit

Du weißt, wie gern ich arbeite, Herr,
wenn es Sinn macht.
Aber wenn ich wieder mal
nur im Kreis herumgeschickt werde;
wenn ich keine Chance habe,
einen Überblick zu bekommen –
dann geht es mir ziemlich mies.
So oft muss ich Dinge tun,
die mir nur Energie wegnehmen!

Was passiert mit dieser Energie?
Wohin verschwindet sie?
Sammelst du sie irgendwo?
Oder geht sie einfach verloren?
Das kann ich mir nicht vorstellen.

Lass mich selbst über mein Leben entscheiden!
Ich will nicht nur arbeiten müssen,
weil ich Anweisungen bekomme!

Lehre mich, dem Sinn in meiner Arbeit
auf der Spur zu bleiben!
Hilf mir, meine Arbeit zu etwas zu machen,
was meiner Seele gut tut!

Kontrolle

Du kennst mich, Herr,
und du weißt,
wie gern ich alles
im Griff habe.
Überraschungen sind mir nicht so recht;
wenn möglich, mache ich mir meine Pläne
und arbeite sie dann ab.
Das gibt mir ein Gefühl der Sicherheit.

Aber jeden Tag bricht wieder das Chaos
in meine geregelte Welt ein.
Die Menschen um mich herum
sind zu lebendig für mein Kontrollbedürfnis.
Lass mich verstehen, dass meine Planerei
nur ein Geländer ist,
eine kleine Stütze,
die ich nicht zu ernst nehmen darf.

Gib mir den Mut,
zum richtigen Zeitpunkt
alle Kontrolle zu verlieren!

Morgen

Wie oft schon hatte ich einen Morgen, Herr,
in den ich mich nur mit heißem Kaffee wagte,
mit mulmigem Magen, bangem Herzen,
in Furcht vor dem, was der Tag bringen würde,
wortkarg zu denen am gleichen Tisch,
innerlich stöhnend vor Sorgen:
wieder so ein mühsamer Anfang!

Aber du hast mir hindurchgeholfen
durch solche Tage,
immer wieder. Seit langem.
Du wurdest meiner Klagen nicht müde.
Du hast ihren Refrain ertragen
und nicht aufgehört, mir kleine Dosen
Mut und Hoffnung zu geben, unbemerkt.

Und nun beginne ich den Morgen
mit Gelassenheit und Neugier.
Wie lange das so sein wird?
Keine Ahnung.
Aber jetzt geht's mir ganz gut damit, Herr.

Einbruch

Ich weiß, Herr,
auf welch dünnem Eis ich gehe.
Meine ganze Lebenskraft
überlasse ich meinem Job.
Damit verschaffe ich uns Sicherheit.
Aber ich weiß auch,
wie schnell das vorbei sein kann!

Beim Anblick von Bettlern gruselt es mich:
Morgen könnte ich an ihrer Stelle dasitzen.
Ich stehe unter Druck, Herr,
irgendwann ziehen Jüngere an mir vorbei
und ich kann sehen, wo ich bleibe.

Bewahre mich vor dem beruflichen Einbruch!
Lass mich eine Gefahr rechtzeitig erkennen
und zeige mir einen Weg,
der mich dann rettet.

Müdigkeit

Ich bin so müde, Herr, so müde,
und ich weiß nicht einmal, wovon.
Weil ich so viel auf den Bildschirm
meines Computers sehen musste?

Weil ich vor lauter Kleinigkeiten bei der Arbeit
meinen roten Faden verloren habe?
Oder weil ich fast den ganzen Tag
in geschlossenen Räumen war
und zu selten draußen an der Luft?

Ach, Herr, ich hab da ganz allein
vor mich hin gearbeitet.
Und jetzt weiß ich nicht mehr genau,
wofür eigentlich.

Ich hoffe, du weißt es?

Privatheit

Es liegt so nahe, Herr,
einfach meine Arbeit zu tun
und dann die Tür zu schließen,
wenn ich heimkomme.

Sie zu schließen vor dem
schmerzlichen Druck da draußen,
vor den Hungerländern,
vor dem zerstörten Klima,
vor der bedrohten Zukunft,
vor den Skins vor der Haustür.

Wie einfach,
mich vor die Glotze zu legen,
und wenn's mir nicht passt, was ich sehe:
kommt der nächste Sender.

Ich danke dir für meine Sicherheiten, Herr,
aber lass mich nicht in Ruhe,
schick mir deinen störenden Geist,
deinen Unruhestifter,
hol mich heraus
aus meiner Privatheit
und stell mich in die Zugluft!

Unterdrückung

Du freust dich nicht, Herr,
wenn ich kaputtgemacht werde!
Aber sieh doch nur,
was mit mir passiert!

Warum werde ich so gedemütigt,
jeden Tag?
Mir ist zum Heulen.
Ich bin es so leid!
Es ist nicht zum Aushalten.
Ich bin kraftlos und fühle mich
wie ein dummes kleines Nichts.

Ich will mehr vom Leben
als so eine kümmerliche Existenz!
Ich habe doch auch zu dir gehalten –
und was ist mit dir?!
Warum hilfst du mir nicht?

Schick mir doch wenigstens jemanden,
der mich versteht!
Bitte, Herr,
ich will jetzt nicht allein sein müssen!

Kinder

Wenn ich arbeite,
dann bin ich weg von zu Hause.
Und es ist so schwer,
meinen Kindern zu erklären,
was ich den ganzen Tag eigentlich mache.

Ich bekomme so wenig mit davon,
wie sie heranwachsen!
Ich habe Angst, Herr,
dass mir meine Kinder
irgendwann fremd werden;
dass ich nicht mehr weiß,
wie wir miteinander reden sollen.

Zeig mir einen Weg zu ihnen!
Ich will ein lebendiger Vater sein,
der für sie da ist,
wenn sie ihn brauchen.

Bewahre uns alle in deiner Liebe!
Du weißt ja, wie es sein könnte
zwischen Vater und Kind.

Arbeitslosigkeit

Glühender Zorn.
Tiefe Verzweiflung.
Dazwischen lebe ich nun, Herr.
Warum braucht mich niemand?
Sollen meine Erfahrung, meine Energie,
meine Besonderheiten
gar nichts wert sein?
Aber nirgendwo ist ein Platz für mich.

Ich traue mich nicht mehr
zu meinen Freunden,
ich ertrage kaum meine Familie.
Warum stehst du mir jetzt nicht bei?
Mir geht es einfach dreckig.

Hol mich heraus aus
meinem Schneckenhaus!
Hilf mir, einen Ausweg zu finden!

Geld

Ich komme einfach nicht klar mit meinem Geld.
Warum haben andere so viel davon, Herr?
Wieso steht kein Super-Auto vor meiner Tür?
Warum habe ich keine tolle Wohnung
und kein dickes Konto?
Bin ich ein Versager, der es nie zu etwas bringt?

Ja, ich habe schon oft gehört,
dass du Geld nicht so wichtig findest.
Aber du bist ja auch Gott,
und ich bin nur ein Mensch.
Kannst du mir nicht einmal
ein bisschen behilflich sein?

Zu essen habe ich genug.
Meine Kleider sind sauber.
Ich habe ein Dach über dem Kopf.
Zugegeben: anderen geht es
viel schlechter als mir.

Trotzdem! Gib mir doch Einsicht!
Lass mich eine Chance erkennen,
wenn sie da ist!

Erfolg

Es sah schon oft großartig aus für mich, Herr,
glitzernd, erregend gelungen,
voller Anerkennung, ruhmreich –
und ging mir dann kaputt.

Erfolge, die ich mir auf die Fahnen schrieb,
entpuppten sich als Irrwege.
Aber was ich als unwichtig empfand,
wurde später zum Wegweiser,
zur Spur, die mich weiterbrachte.

Wie soll ich das verstehen, Herr?
Soll ich einfach abwarten, was kommt?
Dafür hast du mir
viel zu viel Energie gegeben!

Am besten investiere ich alles –
und danach lege ich es zur Seite
und überlasse es dir.
Wenn das so gemeint ist, Herr,
dann mach meinen Glauben stark.

Bist du ein Spieler?

Berufung

Ich bin ein Meister im Ausweichen, Herr.
Alles dient mir zum Vorwand.
Ich schütte mich zu mit Arbeit;
ich decke mich ein mit Verpflichtungen;
ich dröhne mir den Kopf zu
mit meinen Terminen.

Du weißt genau,
warum ich das mache:
ich will dich lieber nicht hören.
Ich fürchte deinen Ruf,
ich fürchte den Weg,
auf den du mich vielleicht lockst.

Dass du es gut meinst mit mir,
habe ich ungefähr begriffen.
Aber muss ich deswegen so viel ändern,
wie ich insgeheim vermute?

Sei nicht zu nachsichtig mit mir, Herr,
wenn du meine Tricks durchkreuzt,
damit ich zu meiner Berufung finde.

Könige

Warum, Herr, sollte ich zufrieden sein
mit so wenig?
Viele Menschen um mich herum
kennen ihre Zukunft schon
Jahre im Voraus.
Ihre größte Unsicherheit liegt darin,
dass ihre Rente geringer werden könnte
als geplant.
Die Lebenskraft wird fein dosiert,
gut aufgehoben für besondere Gelegenheiten.

Das kannst du nicht gemeint haben, Herr,
als du uns geschaffen hast!
Hast du uns nicht zu Königen
unseres Lebens gemacht?

Lass mich eintauchen
in den Fluss deiner Energie,
der nie versiegt!

Körper

Es gibt Tage, Herr,
da stehe ich auf,
recke meine Glieder
und singe laut vor mich hin,
weil ich ein Mann bin:
unabhängig, anziehend, erwartungsvoll.
Da rühme ich deine Schöpfung
in meiner Freude über
meine Schultern, meine Muskeln,
meine Beweglichkeit.

Aber es gibt auch andere Tage, Herr,
da sitze ich herum
und fühle mich jedes Mal mutlos,
verbraucht und deprimiert.
Da trauere ich über meinen Bauch,
der zu wenig Muskeln hat,
über meine Brust ohne Spannung,
über meinen kurzen Atem.

Lass mich das rechte Maß finden, Herr,
den richtigen Stolz und die richtige Trauer.
Gib mir die Spannung,
die zu mir allein gehört!

Rausch

Das hat so gut getan, Herr!
Wie mir die Einfälle zuflogen!
Wie mir leicht wurde
und wie sich mein Herz hob,
wie witzig ich sein konnte
und wie schlagfertig!
Ich war so dankbar für den Wein.

Doch nun schleiche ich durch die Wohnung
mit schmerzendem Schädel,
jeder Ton ist mir zu laut,
ich bin ganz erledigt.

Ich danke dir für den kleinen Rausch, Herr,
von Zeit zu Zeit,
aber erinnere mich doch daran,
wann das eine Glas
zu viel sein wird.

Manchmal bin ich
ein bisschen blöd.

Rivalität

Du weißt, wie das ist unter Männern.
Ich denke mir gar nichts weiter dabei,
und auf einmal merke ich, Herr,
dass ich mich aufführe wie in einem Wettkampf.
Und alle Männer um mich herum auch.
Manchmal macht das alte Spiel richtig Spaß:
Wer ist der Beste?

Aber es nimmt mir auch so viel Kraft weg,
wenn ich statt Männern nur Rivalen sehe –
bei Frauen, bei meinem Chef,
überall dort, wo ich Anerkennung möchte.

Mach mich ein bisschen weiser, Herr,
damit ich nicht in jede Falle tappe.
Zeige mir Gelegenheiten
zu Bündnissen, zu Freundschaft, zum Vertrauen,
statt bloß zur Konkurrenz.

Ich will nicht so naiv sein, Herr!

Einsamkeit

Hör mir zu, Herr!
Ich bin schon zu lange allein!
Warum finde ich niemanden,
der mein Leben teilt?
Was mache ich falsch?

Schick mir doch jemanden,
der zu mir passt!
Du hast doch schon immer gewollt,
dass Menschen zu Paaren werden.
Dann hilf mir doch dabei!

Wenn du aber etwas anderes
mit mir vorhast,
etwas ganz anderes
als ein Leben zu zweit,
dann lass mich verstehen,
was das sein soll.

Kann ich nicht etwas Glück haben,
obwohl ich so einsam bin?

Potenz

Wie machtvoll, Herr,
hast du mich als Mann erschaffen,
wie einzigartig und wie schön!
Mir liegt nicht daran,
Frauen klein zu machen.
Es ist meine Schöpferkraft,
die ich feiern will!

Du hast mir meine Energie gegeben,
sie soll dir eine Ehre sein
und mir eine Freude.
Wenn ich meine Lust spüre
und meine Potenz, dann bin ich dir
für einen Moment
so nahe wie einer der Cherubim.

Aber wenn mich die Erde wiederhat,
danke ich dir,
dass ich aus ihrem Stoff gemacht bin.

Frauen

Manchmal ist es wie mit Wesen
von einem anderen Planeten, Herr:
man sieht sich aus der Ferne,
man findet sich anziehend und reizvoll.
Wie begeisternd dieser andere Stern sein kann!

Aber manchmal dreht er sich
doch in weiter Entfernung.
Man respektiert seine Fremdheit,
aber man muss dort nicht immer sein.

Du hast Männer genauso gewollt wie Frauen
und ihr Verlangen nach einander auch.
Die ganze Evolution deiner Erde
wird von dieser Kraft angetrieben.

Aber die Planeten
verstehen sich nicht immer.
Ihre Andersartigkeit ist dein Geheimnis.

Zeig uns Nähe, wo Nähe möglich ist,
und die Schönheit der Distanz,
wo wir sie brauchen.

Paar

Wenn ich neben meiner Geliebten erwache,
die Lider noch verklebt von der Nacht,
mit geschlossenen Augen
den Geräuschen lausche,
die der Tag da draußen macht,
höre ich auf ihren Atem,
ein regelmäßiges Heben und Senken,
ein und aus, in aller Ruhe wiederkehrend.

Dafür bin ich so unsäglich froh, Herr,
über die Vertrautheit,
die ich mit keinem sonst teile,
über diesen Hauch der Begleitung,
über die Nähe, die auch Ferne sein kann,
über dieses Geschenk, dieses Schicksal.
Diesen Menschen.

Jeder kleine Laut,
den ich von ihr vernehme,
morgens im Bett,
ist wie ein Versprechen,
ja, ich bin bei dir,
ja, vertrau mir,
ja.

Sex

Noch bin ich ganz erfüllt von Lust,
aufgewühlt und benommen. Satt.
Du hast uns beiden
ein wunderbares Geschenk gemacht!
Ich weiß ganz gut, dass so etwas
nicht automatisch geschieht,
wenn man nur die richtigen Knöpfe drückt.

Du hast diesen Menschen und mich
angesteckt und aufgeregt,
du hast uns entzückt!
Du warst unser Begleiter in solche Tiefen,
dass ich jetzt voller Glück bin.
Wie sehr ich mich danach gesehnt habe!

Wie schön es ist,
wenn ich vor lauter Liebe
die Beherrschung verliere!
Ich bin dir so dankbar.

Treue

Du und ich wissen, Herr,
wie schwer mir Treue fällt.
Ich flirte gern,
ich genieße das Spiel
mit Blicken und Worten.
Es ist beglückend für mich
zu spüren, dass ich attraktiv bin.
Die Welt ist dann wie aufgeladen
mit erotischer Macht.

Aber bewahre mich davor,
über die unsichtbare Grenze zu gehen.
Hüte mich vor dem Bruch
meines Versprechens,
das Leben gibt!

Treue klingt wie etwas
aus der Zeit meines Großvaters.
Dabei sagt die Treue nur:
Sei erwachsen. Wähle.

Lass mich das nicht vergessen, Herr.

Sorge

Ich weiß immer noch nicht, Herr,
womit ich diesen Menschen verdient habe.
Es muss an dir liegen.
Und du weißt, wie sehr ich ihn liebe.

Jetzt habe ich Angst um ihn, Herr,
weil er – und ich – so verletzlich sind.
Alles Mögliche kann geschehen
und ich kann ihn nicht schützen.

Dann musst du das eben machen.
Segne ihn und mich, Herr,
gib ihm Gelassenheit,
Mut und die schnelle Intelligenz,
die er für diese Situation braucht.

Nun schau ihn an, Herr,
diesen Menschen,
der dir von früh auf vertraut ist,
und lass ihn jetzt nicht hängen!

Depression

Es gibt Tage, Herr,
da schreckt mich der Tod überhaupt nicht.
Da erscheint mir alles so übermächtig
und so hoffnungslos,
dass es einfacher wäre aufzuhören.

Viel einfacher,
als mit so viel Mühe weiterzumachen.
Wenn ich selbst so wenig vorkomme
bei dem, was ich jeden Tag mache,
ist Sterben einfacher als Leben.

Aber ich weiß,
dass du für mich
ein anderes Leben gemeint hast,
ein Leben, das ganz und gar meines ist.
Erinnere mich daran!
Gib mir deine Hand
und bring mich heraus
aus meiner Verzagtheit.

Und wenn nötig,
gib mir einen Tritt,
damit ich nicht im Selbstmitleid ersaufe.

Harmonie

Verschone mich, Herr,
mit dieser Harmoniebesessenheit!
Alle tun so, als ob man
immer nur nett sein sollte!
Und einer nach dem anderen
wird hintenrum fertig gemacht.
Bewahre mich vor dieser schrecklichen Fassade!
Ich will damit nichts zu tun haben.

Am schlimmsten ist es,
wenn sie auch noch so tun,
als hättest du das genau so gewollt!
Eine Hölle, in der alle nur so tun als ob …

Mach mich zu einem Mann,
der das falsche Spiel nicht mitmacht, Herr,
und das Leben findet!

Sünde

Ich habe Mist gebaut, Herr,
ich hab's so richtig an die Wand gefahren.
Ich war so trunken von mir selber,
dass ich zu spät gemerkt habe,
was ich anrichte.

Mir wird ganz übel, Herr,
wenn ich daran denke,
wie ich mich immer tiefer
reingeritten habe.

Zeig mir einen Ausweg!
Ich habe solche Angst,
meine Lügen gestehen zu müssen!
Sei bei mir!
War das eine Sünde?
So wie es sich anfühlt, wohl schon.

Komm mir entgegen auf dem Weg,
der mich da herausführt!

Nacht

Wenn alle schlafen im Haus, Herr,
und nur noch ich wach bin,
lösche ich alle Lichter, und deine Nacht
umgibt mich wie ein guter Freund.
Nichts muss ich mir heute mehr ansehen.

Meine Augen dürfen sich endlich ausruhen.
Keine Informationen, keine Buchstaben mehr,
keinerlei Gesichter, keine Bewegung,
die nach einer Reaktion verlangt.
Nichts außer deiner Stille.

Ein sanftes Geschenk,
unvermutet, unaufdringlich,
nur für mich.
Ich danke dir, Herr,
für deine Zuneigung.

Verrat

Wie konnte ich nur so blöd sein!?
Ich hatte meinem Freund so vertraut!
Wir waren ein Herz und eine Seele!
Was haben wir nicht alles
zusammen gemacht!
Und dann hat er mich so
im Regen stehen lassen!
Gerade dann, als ich ihn
so dringend gebraucht hätte.

Ich habe so die Nase voll, Herr,
ich zittere vor Wut!
Ist Vertrauen immer nur
ein Zeichen von Schwäche?
Soll ich mich zu einem Wesen machen,
das niemanden braucht?
Nur damit es nicht immer so wehtut?

Du weißt, Herr, was ich mir damit antun würde.
Aber ich will nicht vernünftig sein!
Mir ist so elend zumute.
Lass mich meine Fassung wiederfinden.

Mitläufer

Ach, Herr,
einen Schwächeren fertig zu machen,
ist befriedigender,
als ich mir eingestehen will.

Es ist so einladend.
Etwas in mir
möchte auch gern dazugehören!
Was für eine blöde Rolle,
der Spielverderber zu sein.
Ich habe Angst, dass ich
am Ende ganz allein dastehe
und dass dann ich der bin,
auf den alle heruntergucken.

Stärke mir das Rückgrat, Herr,
gib mir ein Gefühl für Anstand
und halte meine Hand,
wenn es hart auf hart kommt.

Vergebung

Ich bin kein Kind mehr, Herr,
und ich weiß ganz gut,
dass ich nicht nur geliebt werde.

Oft habe ich es gar nicht gewollt;
aber manchmal habe ich auch
mit vollem Bewusstsein Menschen verletzt.
Es hat Zeiten gegeben,
da ging es mir sogar
ausgesprochen gut dabei,
wenn ich mich einen Dreck geschert habe
um die Gefühle von anderen.

Mit manchen dieser Menschen kann ich mich
gar nicht mehr aussöhnen,
weil sie nicht mehr am Leben sind.
Andere erreiche ich nicht.

Dass ich deine Vergebung brauche, Herr,
weiß ich leider erst jetzt. Aber immerhin.
Jetzt muss ich von dir lernen,
wie auch ich anderen Schuld erlassen kann.

Unschuld

Es gab Zeiten für mich, Herr,
da lebte ich wie ein Ritter der Unschuld.
Wer mit Macht zu tun hatte,
den denunzierte ich;
wo eine Seite zu wählen war,
wählte ich die einfache Gerechtigkeit;
wer mit meiner Moral
nicht zurechtkam,
den fertigte ich ab.

Doch als ich gezwungen war,
selber mit Macht umzugehen,
war es vorbei mit meiner bequemen
weißen Weste.

Ich war kein Beobachter mehr.
Ich traute mir immer weniger Urteil zu
über andere.

Dein König David, Herr,
hätte gewusst, was ich meine.
Ein Mann, der seiner Schuld
nicht auswich.
Lass mich das aushalten, Herr!

Vater

Ich hatte einen Vater, Herr,
der mich gezeugt hat
und mich vieles lehrte,
aber es kamen Tage,
da fanden wir keine gemeinsame Sprache mehr.

Da war es wie eine Wüste zwischen uns,
wie vergiftetes Gelände.
Wir waren beide bitter geworden
und so hart zu einander,
wie Männer es gut können.

Du hast mich wieder weicher gemacht
und ihn auch.
Du hast uns fühlen lassen,
wie Sohn und Vater leben können
in verschiedenen Welten.

Dafür bin ich dir dankbar, Herr,
ohne dich hätten wir die Kurve
nicht mehr bekommen.

Erschöpfung

Ich bin völlig ausgepowert, Herr.
Wo ist all meine Kraft geblieben?
Jetzt ist nichts mehr da von ihr.
Andere Männer scheinen
mehr davon zu haben als ich.

Ich würde gern verstehen,
wie man sich ausruht
und nicht sofort an das nächste Problem denkt!

Ich bin ein Mensch mit beschränkten Kräften.
Versöhne mich damit.
Denn viele um mich herum tun so,
als ob man nicht müde sein dürfte.
Aber ich bin einfach müde.

Lass mich ausruhen bei dir.

Ich will mich meiner Erschöpfung
nicht schämen müssen.

Strenge

Meine freien Kräfte, Herr,
und meine Freude, meine Launen,
meine Ideen, meine Sehnsüchte
führen zu gar nichts,
wenn ich mich ihnen nur überlasse.

Es gibt viele Gelegenheiten, Herr,
da muss ich zu mir Nein sagen,
damit ich schöpferisch mache,
was ich von dir bekommen habe.
Ich laufe auf einem schmalen Grat, Herr:
Zu viel Nein macht mich kaputt,
zu wenig Nein lässt mich jede Form verlieren.

Gib mir ein Gefühl
für die richtige Sorte Strenge, Herr,
lass mich eine Disziplin finden,
die mich befreit.

Altern

Früher konnte ich die Nächte durchmachen
und war am Morgen wieder fit.
Das schaffe ich schon lange nicht mehr.
Die Bibel ist voll von diesen
großartigen alten Männern,
Abraham, Isaak, Jakob.
Mutige Männer, die auch im Alter
große Dinge taten.
Leider bin ich nicht von diesem Kaliber.

Du liebst mich, wie ich bin, Herr,
mit den Gelenken,
die nicht mehr so wollen wie ich,
mit meinen kleinen Gebrechen.

Gib mir Gelassenheit!
Lass mich das Glück spüren,
das meinen Jahren entspricht.

Bedürftigkeit

Wenn das Land verdorrt ist, Herr,
aufgerissen und gelähmt von der Hitze,
dann nützt ihm kein Aktionismus,
kein Slogan, kein Sprechchor.

Die Erde braucht dann Wasser,
sonst gar nichts,
flutendes, kostbares Wasser.

Wenn meine Seele trocken liegt, Herr,
dann behüte mich vor jedem Männer-Bluff,
vor der guten Miene zum bösen Spiel,
vor dem So-tun-als-ob,
dann nimm mir die Scham
über meine Bedürftigkeit!

Mach es mir nicht so schwer,
wenn ich mir gestehen muss,
dass mir kein Drumherum helfen wird,
kein Ausweichen –
nur du. Sonst nichts.

Sterben

Seine kraftlose Hand
hielt ich in meiner.
Seinen flachen Atem hörte ich
schwächer werden.
Als ich behutsam seinen Kopf küsste,
reagierte er gar nicht mehr.

Als er ging,
ohne Krampf und ohne Schmerz,
leiser als je im Leben,
als sein Mund den letzten Hauch entließ,
da weinte ich, Herr,
und pries dich in Dankbarkeit
für dieses Ende, für deine Hoffnung.

Gib auch mir ein gutes Sterben, Herr,
wenn es so weit ist.
Gib mir dann weiten Raum,
keinen Schluss wie ein Überfall,
keine plötzliche Katastrophe!
Gib mir dann ein Adieu.

Tod

Der Tod wartet auf mich, Herr,
das weiß ich.
Tag und Nacht wartet er neben mir.
Die Wand, die mich von ihm trennt,
ist nur aus dünnem Papier.

Ich tu nur so,
als wäre alles wichtiger als
der Tod dahinter,
ich ahne seinen Schatten
und weiß eine Menge Dinge zu tun,
die mich von ihm ablenken.

Wenn ich vor ihm stehe, Herr,
dann gib mir einen guten Abschied
von denen, die ich liebe.
Dann tröste mich in der Einsamkeit
dieser Reise
und führe mich zu einem Abenteuer,
das alles übertrifft,
was ich bisher weiß.

Sauerstoff

Du beugst die Bäume, Herr,
und fährst in die Wälder,
du reißt das tote Holz aus dem Geäst!
Du verdunkelst den Himmel
und lässt Menschen sich klein fühlen
vor der Macht des Wetters.
Alle Sonnenwärme ist plötzlich
wie ausgelöscht.

Und immer wieder machst du es
mit meinem Leben ganz genauso,
störst all meine Pläne,
reißt meine Selbstverständlichkeiten nieder
und lässt mich sitzen
in meiner eigenen Kälte.
Gib mir deine Hand, Herr,
wenn ich mich eingesponnen habe
in meiner kleinen Sicherheit!

Lass mich deinen Geist spüren, Herr,
deinen frischen Sauerstoff,
deinen brausenden Lebensmut!

Heiligkeit

Alles mitmachen, was alle machen,
hat mit Heiligkeit nichts zu tun, Herr.
Aber Heiligkeit ist doch auch nichts,
was man aus Weihwasser
und Plastikrosen bastelt!

Ganz allein seiner Berufung nachgehen,
alles aufgeben, um seinem Stern zu folgen,
alles auf eine Karte setzen,
auf der dein Name steht,
das Leben verwetten
für dich –
das wäre vielleicht heilig, Herr,
und das ist mir ein Stachel im Fleisch,
seit ich jung war.

Führe mich auf deinen Weg, Herr,
der meiner sein soll
und anders als alle ausgedachten Wege,
auf den Weg der Heiligkeit,
ins Freie.

Krieger

Ein Krieger zu sein, Herr,
ist alles andere als erwünscht.
Für alles haben wir unsere Regeln,
die jeden Konflikt zähmen sollen.
Aber wo ist Platz für meine Aggression?
Warum soll ich mich immer nur zurückhalten?

Du liebst nicht nur das Lamm,
sondern auch den Löwen.
Lehre mich den Mut eines Kriegers,
der aufsteht zur rechten Zeit,
der dem Streit nicht ausweicht aus Furcht,
der sich in den Kampf traut,
weil er weiß, was der Friede wert ist.

Erzähl mir nicht,
dass du immer nur sanft warst!

Rhythmus und Alltag

DAS HERZENS-GEBET

Das Gebet aus der Wüste

Gibt es nicht eine noch einfachere Form des Gebets für Männer? Gibt es ein Beten, zu dem nicht nur meine Gedanken, sondern auch mein Leib leicht eine Verbindung finden können? Das gibt es tatsächlich. Es heißt „Herzensgebet".

Die Tradition dieses Herzensgebets ist alt. Sie wurde vermutlich von denen entwickelt, die aus dem Chaos der Städte im 3. Jahrhundert nach Christus in die Wüste flohen. Zu diesem Zeitpunkt war die libysche Wüste zu so etwas wie einem gigantischen Labor geworden, in dem unzählige Männer und Frauen Experimente mit sich selbst begannen. Komme ich Gott näher, wenn ich auf Schlaf verzichte? Was verändert sich, wenn ich Nahrung immer weiter reduziere? Halte ich es monatelang, jahrelang aus, keinen anderen Menschen zu sehen? In dieser Wüste lebten die ersten christlichen Einsiedler, dort kam es zu den ersten Gemeinschaften mit einer festen Lebensregel (später wurden Orden daraus), und dort begann auch irgendjemand, mit Gebet und Rhythmus zu experimentieren.

Gefunden wurde schließlich eine enge Verbindung von kürzesten Gebetsworten und Regelmäßigkeit. Die Lehrer des Herzensgebets waren überzeugt davon, dass auf diese Weise der menschliche Geist so erfüllt würde, dass er eine Gotteserfahrung machen könne.[2]

Von der Wüste in Libyen aus verbreitete sich diese Erkenntnis. Ganz besonders tiefe Wurzeln schlug sie im Christentum Osteuropas und Russlands. Aus dem Leben der orthodoxen Christen ist diese Tradition inzwischen auch wieder in den Westen zurückgekehrt. Sie ist deshalb so hilfreich gerade für Männer, weil sie so leicht in den Alltag zu integrieren ist. Beim Herzensgebet muss man sich mit keinem riesigen religiösen System auskennen oder sich gar damit identifizieren. Es argumentiert nicht und verzichtet auf jede Kompliziertheit. Ein besonders zurechtgemachter Raum oder eine spezielle rituelle Zeit sind nicht nötig. Das Herzensgebet ist für Männer vor allem eines: praktisch.

Rhythmus und Absicht

Das Herzensgebet verbindet einen bestimmten Rhythmus mit einem ganz kurzen Gebet, zum Beispiel:
„Herr Jesus Christus, erbarme dich meiner!" Oder: „Vater, segne mich", oder, noch kürzer, allein die Anrede: „Jesus" oder „Christus". Das ist auch schon alles an Text.

Entscheidend ist die regelmäßige Verknüpfung mit dem Rhythmus. Ziel dieser Übung ist, entsprechend der östlich-orthodoxen Überlieferung, dass es zu einem fast unwillkürlichen Gebet kommt. Wenn der Rhythmus und die Gebetsworte eine gemeinsame Fließbewegung gefunden haben, betet im besten Fall etwas in mir wie von ganz allein.

Diese Gebetstechnik ist übrigens auch etwa im Hinduismus bekannt, wo ein Name Gottes, zum Beispiel „Rama", d. h. „Herr", ohne weiteres bewusstes Beten tagaus, tagein vor sich hingesprochen oder schweigend gebetet wird. Man spricht dann von einem „Mantra". Die Lehrer des Mantra-Betens in Ost und West sind davon überzeugt, dass gerade dieses von eigenen Vorstellungen geläuterte, rhythmische Beten eine besonders reine Form des Gebets darstellt. Warum?

Weil keine Absicht mehr auftaucht. Denn worum bitten wir normalerweise, wenn wir im Gebet ein konkretes Anliegen haben? Um Gesundheit, diese oder jene bestandene Prüfung, den Job, jenen Gegenstand, um Schutz, um bestimmte Charaktereigenschaften, ein bestimmtes Verhalten ... was uns eben so an Wünschen einfällt. Aber woher wissen wir, was für uns tatsächlich gut sein kann? Wie viele Ereignisse in unserem Leben erschienen im Augenblick des Erlebens schlimm oder rätselhaft und waren hinterher und im Abstand Weichenstellungen zu mehr Leben und Reife?

Wenn wir konkret um etwas bitten im Gebet, tun wir das in der Regel mit dem kleinen Horizont, den wir gewöhnlich mit uns herumschleppen. Da ist es doch vielleicht ganz gut, unsere beschränkten Vorstellungen einfach einmal auf die Seite zu schieben, uns auf einen Rhythmus und ein kurzes Gebetswort einzulassen und abzuwarten, was mit uns geschehen wird. Der Verzicht auf die Absichtelei im Sprechen mit Gott ermöglicht uns überhaupt erst Offenheit für das Leben, das vor uns liegt, und Neugier auf das, was Er mit uns vorhat.

Die Lehrer des Herzensgebets wissen, dass unser Kopf vollgestopft ist mit Nebensächlichkeiten, die uns überhaupt nicht helfen, einen eigenen Weg zu Gott zu finden. Daher schlagen sie vor, sich mit Hilfe dieses Gebets darauf einzulassen, dem Kopf etwas Besseres zu geben, auch wenn es keine besondere intellektuelle Herausforderung darstellt. Und dann darauf zu vertrauen, dass Gott dem Herzensbeter entgegenkommt.

Mantra und Körper

Dass unsere alltägliche Welt ziemlich oft mit Rhythmen zu tun hat, die wir selbst verursachen, übersehen wir meistens. Wie oft benutze ich Treppen und steige völlig unbewusst hinauf oder hinunter, weil ich mich ja schon mit einer ganz anderen Angelegenheit beschäftige? Warum nicht diesen Akt des Steigens mit abwechselnd dem linken und dem rechten Bein zu etwas bewusst Vollzogenem machen, bei dem ich mein Herzensgebet spreche?

Wie oft nutze ich Rhythmen beim sportlichen Training ganz selbstverständlich, das abwechselnde Auf und Ab der Pedale an meinem Mountainbike, das regelmäßige Tempo meiner Füße beim Joggen, beim Marathon, bei welchem Lauf auch immer. Auch bei einem Spaziergang bewege ich mich ja in einer Regelmäßigkeit, auch beim Einkaufen, aber auch beim Holzhacken, beim

Schwimmen, beim Fensterputzen, bei Küchenarbeiten usw.

Warum nicht bei jeder dieser Bewegungen mein Mantra denken? Es sieht ja keiner. Und Vorschriften gibt es auch nicht. Natürlich kann ich auch bei nervtötenden Arbeiten immer dann innerlich ein Gebet sprechen, wenn eine Mikropause möglich wird: eine Seite vollgeschrieben – „Segne mich, Herr", nächste Seite; ein Werkstück zu Ende geschliffen – „Erbarme dich meiner", nächstes Stück ...

Wer darauf achtet, kann gar nicht anders, als eine Unzahl von Rhythmen im täglichen Ablauf von beruflichem und privatem Leben wahrzunehmen. Das sind alles Einladungen zum Herzensgebet.

Es wird noch deutlicher fühlbar, worum es beim Herzensgebet geht, wenn dieses Gebet mit dem Rhythmus des eigenen Atems verbunden wird. Jeder weiß, dass die Atemfrequenz von der körperlichen Anstrengung abhängt. Wenn ich mit dem Einatmen ein kurzes Gebetswort („Jesus") verknüpfe und mit dem Ausatmen ein anderes („Christus"), habe ich schon alles, was ich brauche. Bei stark beanspruchenden Tätigkeiten steigert sich dann zunächst auch das Tempo des Gebets (und da war es dann gut, dass ich keine langen Sätze gebraucht habe), aber vielleicht mache ich auch die Erfahrung, dass das Herzensgebet mich beruhigt und sich mit der Zeit mein Atem stabilisiert, obwohl es anstrengend bleibt.

Niemand wird es merken, wenn ich bete. Niemand setzt mich unter Druck dabei. Häufigkeit, Dauer und Rhythmus wähle ich selbst. Ein Gebet für Männer.

Kontakt
mit dem Vater

DAS VATER-UNSER

Das Gebet des Sohnes

Vielen Männern geht es wie den engsten Freunden Jesu: weitschweifige Liebeserklärungen fallen ihnen genauso wenig ein wie lange Lobpreisungen der Seele. Und scheinheiliges Getue widert sie an.

Die Freunde Jesu bekamen mit, dass er selbst sich immer wieder zum Gebet zurückzog, und sie spürten, dass da etwas Wichtiges passierte. Sie wussten, dass Jesus eine ganz besondere Gottesnähe hatte, aber was war mit ihnen selbst? Wie konnten auch sie Kontakt aufnehmen? Wie redet man angemessen mit Gott? Als sie Jesus eines Tages danach fragten, gab er ihnen als Antwort folgendes Gebet:

Vater unser im Himmel,
geheiligt werde dein Name,
dein Reich komme,
dein Wille geschehe,
wie im Himmel so auf Erden.
Unser tägliches Brot gib uns heute.
Und vergib uns unsere Schuld,
wie auch wir vergeben unseren Schuldigern.
Und führe uns nicht in Versuchung,
sondern erlöse uns von dem Bösen.
Amen. (Vgl. Matthäus 6,9–13)

Viele Männer kennen dieses Gebet aus ihrer Kindheit und haben es, wie das meiste aus diesen alten Zeiten, irgendwann als bedeutungslos abgelegt. Das halte ich für ein bisschen vorschnell. Dieses Gebet ist es wert, Wort für Wort genauer angeschaut zu werden. Immerhin können wir bei ihm ziemlich sicher sein, dass es so von Jesus überliefert wurde.

Vater unser

Wenn Männer zu Gott „Vater" sagen können, dann deshalb, weil Jesus sich zuerst getraut hat, diese Anrede zu verwenden. Er hat Gott deutlich und öffentlich mit „Vater" angesprochen in einer Gesellschaft, in der die Menschen aus Angst vor dem Missbrauch des Gottesnamens nur in Umschreibungen von ihm sprachen.

Gott erschien damals als unsagbar fremd und eindeutig nicht menschlich. Als Jesus diesen Gott direkt und unvermittelt „Vater" nannte, ohne irgendeinen weiteren Herrschaftstitel zu verwenden, machte er mit einem Mal deutlich, dass Gott viel näher bei uns ist als alle, die wir für mächtig halten. Der Gott, von dem Jesus redet, will Gutes für Männer, und er lässt mit sich so reden, wie ein Vater mit sich reden lässt, wenn ihn sein Sohn anspricht.

Es wäre allerdings ein Missverständnis, wenn Männer aus dieser Anrede Gottes folgerten, dass Gott auch nicht mehr könne als ihr eigener Vater oder dass er ein Mann sei. Solche geschlechtlichen Beschränktheiten hatte Jesus ziemlich sicher nicht im Sinn.

Unsere eigenen Väter waren oft nicht da, als wir sie gebraucht hätten; als wir klein waren, nicht, und als wir erwachsen geworden waren, auch nicht. Bei vielen Männern ist die Sehnsucht nach einem Vater, der sie wahrnimmt, liebt und unterstützt, nie erfüllt worden. Was da an Defiziten in den eigenen Bedürfnissen zurückgeblieben ist, darf in diesem Gebet benannt und gemeint werden.

Wer sich erlaubt, Gott als Vater anzusprechen, bekommt vielleicht etwas von dem zurück, was er so entbehrt hat.

Geheiligt werde dein Name

Wie wird ein Name „geheiligt"? Männer unserer Tage verstehen diese Frage heute vermutlich deshalb nicht mehr ohne weiteres, weil wir in einem Meer von Wörtern leben, das aus Zeitungen, Fernsehen und Internet über uns hereinbricht. Alle Wörter scheinen gleich viel oder gleich wenig zu bedeuten. Früher war das anders, weil das Lebenstempo auch viel langsamer war. Unter unserem Überangebot an Floskeln, Geschwätz, kurzlebigen Nachrichten usw. scheinen auch persönliche Worte an Gewicht zu verlieren.

Aber das täuscht. Worte von einem Menschen zum anderen bedeuten immer noch mehr als ein Kommentar in der Tagesschau. Sie verletzen direkter und trösten auch unmittelbarer. Versprechen bleiben Versprechen. Ein Name ist nicht nur ein Wort, sondern steht für eine Lebensgeschichte und hat seine eigene Bedeutung.

Einen Namen heiligen heißt, ihn ernst zu nehmen und nicht auf die Ebene von bedeutungsloser Waschmittelwerbung herunterzuziehen. Die zornigen Männer Israels, seine Propheten, haben getobt, wenn das mit dem Namen Gottes geschah: fromme Augenaufschläge, betroffene Anrufungen, während draußen die Unterdrückung weiterging und die Armen geknechtet wurden. Den Namen Gottes heiligt, wer das Wort Gottes hört – und wahrmacht.

Dein Reich komme

Ein „Reich“ war das Herrschaftsgebiet eines Königs oder Kaisers. Heute hat der Begriff für uns einen etwas ältlichen Beigeschmack. Als Jesus damals im Land Israel herumzog und das „Reich Gottes“ verkündete, wurde er prompt so missverstanden, dass er die regierende römische Besatzungsmacht und ihre politischen Marionetten nur durch jemand anderen ersetzen wollte.

Tatsächlich verkündete Jesus aber eine völlig andere Idee von „Reich“ bzw. von Herrschaft, als es seine Zeitgenossen gewohnt waren. In dem Reich, von dem er sprach, werden die Hungernden satt, die Traurigen finden Trost, und diejenigen bekommen das Land, die keine Gewalt anwenden. Dieses Reich kündigte er als das „Reich Gottes“ an.

Die Gemeinschaft derer, die sich auf Jesus berufen, ist der Anfang dieses Reiches – auch wenn das nicht immer so aussieht. Der Anfang, aber leider noch nicht die Vollendung! Es ist wie bei einem universellen Theater: Um die Bühne herum findet ein Fest statt, während die Schauspieler auf der Bühne ihre Rolle mit ganzer Leidenschaft spielen sollen, so, wie es ihr genialer Regisseur vorschlägt. Aber auch in der kleinsten Rolle sitze ich im Geist zugleich schon als Mitfeiernder im Parkett – und kann mir wünschen, dass das Stück da nicht zu lange dauern soll. Denn das Fest, die Erfüllung des Gottesreiches, stellt alles andere komplett in den Schatten (dieses schöne Bild ist nicht von mir, sondern von Jürgen Kuhlmann[3]).

In diesem Sinne können Männer mit Jesus darum bitten, dass dieses Reich endlich kommen soll. Und in der Zwischenzeit eine hinreißende Vorstellung liefern.

Dein Wille geschehe

Warum sollte Gottes Wille geschehen und nicht meiner? Weil mein eigener Wille so kurzsichtig ist.

Um mein Selbst ganz allein verwirklichen zu können, müsste ich mich so gut kennen, dass ich mir über mich nichts in die Tasche lüge. Trotz aller Bedürfnisse nach Selbstverwirklichung schafft das kaum jemand aus eigener Kraft. Da wäre es eine große Hilfe, wenn ich zu jemandem Vertrauen haben könnte, der mich besser kennt als ich mich selber, der um meine Talente und Abgründe weiß und mir nur gut will.

Wenn ich bete, dass „dein Wille" geschehe, dann gebe ich zu, dass mein kleiner Wille immer etwas beschränkt ist – und das kann sehr erleichtern. Erst damit öffne ich die Tür für alle Überraschungen, die das Leben für mich bereithält. Und das sind mehr, als unsere Ängstlichkeit weiß.

Wie im Himmel, so auf Erden

Warum der Himmel nicht nur bei den Christen als Symbol für den Ort gilt, an dem Gott wohnt, liegt auf der Hand: überwältigend offen, unendlich, der Ort, in dem die Sonne sich bewegt und die Gestirne.

Wird er aber als exklusiver Ort der Anwesenheit Gottes begriffen, dann wird dieser „Himmel" so etwas wie ein Exil für den lieben Gott, wo er unverständliche Dinge wirkt, während wir hier auf der Erde unsere Angelegenheiten selber regeln. Diese Sorte „Himmel" haben sich auch Jesu Zeitgenossen schon sehr weit weg vorgestellt. Jesus hat demgegenüber immer wieder betont, dass Gott in unseren Herzen wohnt; und das ist doch etwas näher. Vielleicht näher, als uns lieb ist.

Mit der Ortsangabe „im Himmel und auf Erden" nimmt Jesus ein Bild auf, das Männer damals wie heute hatten; aber er wusste bestimmt auch, wie beengt diese Vorstellung ist. Denn dieses Bild teilt – in oben und unten, drinnen und draußen. Jesus hingegen hat immer Vereinigung gewollt, er hat immer eine einzige Wirklichkeit gemeint.

Für ihn war das Reich Gottes nicht oben oder irgendwo auf einer Seite, sondern „in euch". Es ist unser schwerfälliger Verstand, der den Himmel im Evangelium zu einer Sache der Wetternachrichten macht. Wir können wohl nicht anders als uns solche Bilder zurechtlegen. Wenn der Wille Gottes „wie im Himmel so auf Erden" gelten soll, dann ist damit im damaligen Sprachgebrauch einfach „überall" gemeint. Was in unseren Worten „Himmel", „Erde", „Gericht", „Liebe" und „Befreiung" bedeuten, bleibt immer zurück hinter dem, was Gott darin wirklich tut.

Unser tägliches Brot

Von Brot redet Jesus hier und nicht von Torte. In den westlichen Ländern können wir vielleicht gar nicht mehr nachvollziehen, wie wenig selbstverständlich es ist, jeden Tag etwas zu essen zu haben – wenn wir zwischen zwanzig Sorten Katzenfutter wählen können. Aber es gibt immer noch eine Menge Leute auf der Welt, die zuerst einmal Brot brauchen und von etwas anderem nur träumen können.

Mit „Brot“ ist natürlich nicht nur Brot zum Essen gemeint. So nötig wie Brot brauchen wir auch andere Dinge zum Leben: Schon ein Dach über dem Kopf ist bei uns nicht mehr selbstverständlich, geschweige denn eine Arbeit. Und ohne menschliche Zuneigung halten es nicht nur Männer überhaupt nicht aus.

Wir können dankbar dafür sein, wenn wir das haben, was wir zum Leben brauchen. Und wenn wir darum bitten, dann können wir an uns heranlassen, dass das auch eine Bitte an uns ist: von denen, die das alles nicht haben und für die wir Brot sein könnten.

Aber wieso haben wir überhaupt Hunger und Durst, wenn Gott uns mit einem Fingerschnippen für immer hätte satt machen können? Wieso haben wir so viele verzweifelte Nöte, wenn Gott doch allmächtig ist? Vielleicht, weil Gott uns nicht als satte Doofchen haben möchte.

Ob wir wirklich damit zufrieden sein könnten, in eine Welt hineingeboren zu werden, in der jedes Bedürfnis sofort befriedigt würde? Der Embryo im Mutterleib bekommt alles, was er braucht, ohne erst sagen zu müssen, was ihm fehlt. Das ist natürlich für ein Kind im Mutterbauch sehr gut so, aber erwachsenes Bewusstsein (und damit Freiheit für Entscheidungen) entsteht ja nur in der dauernden Spannung zwischen Lust und ihrem Vergehen, zwischen Leere und Fülle, zwischen Befriedigung und neuem Bedürfen.

Als Jesus uns das Reich Gottes angekündigt hat, hat er nie vom Schlaraffenland geredet.

Und vergib uns unsere Schuld

In einer Zeit der schnellen Lust und der einsamen Freuden reden Männer nicht gern über Schuld. Müssen wir uns nicht viel eher von falschen Belastungen freimachen und unsere Freiheiten ein bisschen genießen?

Ganz sicher auch das, ja. Vergessen wird bei unserem so sehr individualisierten Lebensstil aber, dass man nicht nur durch übertriebene Schuldgefühle krank wird, sondern auch dann, wenn eigene Schuld nicht eingestanden und angenommen wird. Wie gern wäre ich schuldlos, natürlich; aber je erwachsener ich werde, umso eher muss ich mich der Erkenntnis stellen, wie vielen Menschen gegenüber ich schuldig geworden bin.

Nicht nur an mir wurden andere schuldig – auch ich trage alte und neue Schulden mit mir herum. Zur bedrückendsten Schuld gehört die,

die ich beim besten Willen nicht mehr gutmachen kann. Da kann ich nur noch bitten, dass mir ein anderer die Schuld vergibt.

Unsere Schuldiger: da fallen uns leicht eine Menge Leute ein! Die Freunde, die nicht da waren, als wir sie gebraucht hätten. Die nahen Verwandten, die uns gerade die Wärme nicht gegeben haben, die wir uns von ihnen erhofft hatten. Die Lehrer, die uns verkannt haben; die Chefs, die Kollegen, die uns das Leben so schwer gemacht haben. Menschen, die wir geliebt und die uns enttäuscht haben. Wirkliche Gewalttäter, die uns vielleicht einmal so tief verletzt haben, dass wir nicht mehr froh sein können. Warum denen vergeben sollen?

Womöglich, um uns selber zu retten.

Womöglich deshalb, weil Nichtvergeben das Leben von Männern erstarren lässt in einem Käfig, der aus Anklage und Rachewünschen besteht. Nicht vergeben können macht das Leben eng und verkrampft. Vergebung öffnet und macht wieder lebensfähig.

Leicht gesagt. Aber vielleicht hilft uns Gott heraus aus der Not, wenn wir allein nicht die Kraft zur Vergebung finden.

Und führe uns nicht in Versuchung

Viele Generationen von Betern sind im Vaterunser an dieser Stelle innerlich ins Straucheln geraten. Ist denn Gott einer, der uns erst selbst der Versuchung aussetzt, Böses zu tun, nur um dann hinterher zu kommen und, je nach Testergebnis, zu schlagen oder zu streicheln?

Das wäre wohl ein bisschen einfältig gedacht. Neuere Forschungen weisen auf einen kleinen Übersetzungsfehler hin, denn im aramäischen Urtext hieß es vermutlich an dieser Stelle: „Führe uns, auf dass wir nicht in Versuchung fallen!“[4]

Tatsächlich geriet aber auch Jesus selbst in Versuchung. Dabei müssen wir noch gar nicht an das die Fantasie so anregende Bild denken, wo Jesus in der Wüste dem Teufel selber begegnet. Es gibt in den Evangelien eine viel weniger spektakuläre, aber vielleicht umso deutlichere Szene. Als Jesus nämlich zum ersten Mal mit seinen Freunden darüber spricht, wie er sterben wird, will Petrus nichts davon hören: „Das verhüte Gott, Herr! Niemals darf dir das widerfahren!“ Da dreht sich Jesus um und fährt den guten Petrus an: „Hinweg von mir, Satan! Denn du denkst nicht die Gedanken Gottes, sondern der Menschen“ (vgl. Matthäus 16,22–23).

Hier ist es also kein bocksbeiniger Bösewicht, sondern ein wohlwollender Freund, der die Versuchung darstellt. Versuchung wozu? Die eigene Berufung zu vergessen und den bequemeren Weg zu gehen.

Sondern erlöse uns von dem Bösen

Endlich erlöst zu sein von allem Bösen. Von allem absichtlich oder versehentlich Gemeinen, das ich verbreite oder das mir geschieht. Aber auch erlöst von den schlimmen Erfahrungen, an denen niemand schuld zu sein scheint als die Natur: die Wetterkatastrophen, die Tausende heimatlos machen oder umbringen; erlöst von den zahllosen Unfällen, die ohne Absicht passieren und furchtbare Folgen haben können; erlöst von den Krankheiten, die irgendwoher kommen und den Körper vernichten. Erlösung. Warum lässt sie auf sich warten? Macht sich Gott über uns lustig?

Das sicher nicht. Paulus schrieb zum gleichen Thema an die Christen von Rom: „Wir wissen ja, dass die gesamte Schöpfung bis zur Stunde seufzt und in Wehen liegt [...] Auch wir seufzen in uns selbst in der Erwartung der Erlösung unseres Leibes." Paulus hat eigentlich nur einen Trost anzubieten: „Wir wissen auch, dass mit denen, die

Gott lieben, Gott in allem mitwirkt zum Guten" (vgl. Römer 8,22–23.28). Mehr Trost gibt's erst einmal nicht. Auch für Männer nicht.

Amen

Das „Amen", das wir am Ende des Vaterunsers beten, kommt vom hebräischen Wort „aman" und heißt „feststehen", „sich an etwas halten", „bleiben". „Amen" am Ende eines Gebetes ist eine Bekräftigung dessen, was man gerade gebetet hat: „so soll es sein"; „richtig"; „genau das ist es!"

Es gibt eine Haltung depressiver Nörgelei unter Männern, die weit über das hinausgeht, was uns wirklich Sorgen machen darf. Jammern bis hin zum Zynismus, bis zur Überzeugung, dass alles nur in Katastrophen enden kann. Die alten Mönche betrachteten diese Haltung als Laster, als eine schwere Sünde, die sie „taedium vitae" nannten: Müdigkeit am Leben. Sie wussten aber auch, dass wir uns dagegen wehren können (und müssen).

Wie? Indem wir lernen, zu unserer Lebensgeschichte, zu uns selber „Amen" zu sagen – trotz aller Wunden und Verletzungen, trotz aller Trauer und trotz aller Hindernisse, denen wir begegnen. Amen – weil Gott uns verspricht, dass am Ende

Freude sein wird (auch wenn wir uns das gerade überhaupt nicht vorstellen können).

Das Vaterunser ist gerade für Männer ein Gebet, das sie zutiefst in Kontakt mit sich selbst, mit ihrer eigenen Vater-Seite, mit ihrer persönlichen Erfahrung als Sohn und mit ihrer Idee vom Mann-Sein bringen kann.

Dabei sind ja nicht sie selbst die Angesprochenen, sondern ein Gott, der mehr kann und ist, als sie selbst ahnen. Allein dadurch werden die Allmachtsbedürfnisse vieler Männer zunächst einmal zurechtgewiesen. So großartig sich Männer auch vorkommen mögen: es ist jemand anderes, der Anbetung verdient – sie nicht.

Das Vaterunser umfasst die ganze Lebenswirklichkeit von Männern aller Generationen und Herkünfte: die täglichen Bedürfnisse des Körpers; die Auseinandersetzung mit Macht und Schuld; den Auftrag, den Himmel auf die Erde zu bringen; die Versuchung, das Gesetz, die Moral, das Böse und die Befreiung. Wenn ein Mann kein anderes Gebet kennt als dieses, weiß er eigentlich genug vom Beten.

Leidenschaft
und Erbe

TRADITIO-
NELLE
GEBETE
FÜR
MÄNNER

Das Kreuzzeichen – Schande und Schutz

Alle religiösen Traditionen haben Zeichen, mit denen man Zugehörigkeit ausdrückt. Die Verbeugung bis zum Boden im Islam, das Namaste-Zeichen mit gefalteten Händen im Hinduismus ...

Das Kreuzzeichen ist das Zeichen der Christen. Es wird mit aufrechtem Oberkörper durchgeführt. Dabei berührt die rechte Hand zuerst die Stirn, dann die Brustmitte, die linke Schulter und schließlich die rechte Schulter. Wer das tut, erkennt unschwer, dass mit dieser Bewegung die Konturen eines Kreuzes nachgezeichnet worden sind. Dabei werden folgende Worte gesprochen:

Im Namen des Vaters
und des Sohnes
und des Heiligen Geistes.

Das Kreuz war zur Zeit Jesu ein verachtetes Zeichen. Mörder, Schwerverbrecher, Aufrührer wurden am Kreuz hingerichtet; römische Bürger durften nicht gekreuzigt werden. Denn das Kreuz war ein Zeichen der Schande, der Outlaws.

Als der Messias, an den die Christen glaubten, ausgerechnet mit diesem Folterinstrument umgebracht wurde, galt allein schon dieser Tod als Argument gegen ihn. Undenkbar, dass jemand von Bedeutung so gestorben sein sollte!

Es ist immer wieder gut, sich daran zu erinnern, wenn irgendwo ein Kreuzzeichen aus dümmlicher Gewohnheit oder so nebenbei gemacht wird. Es kann alles Mögliche bedeuten, aber eigentlich nichts Harmloses. Dieses Zeichen der Schande wurde erst mit den Christen zu einem Symbol der Rettung.

In südlichen Ländern kann man immer wieder sehen, dass Männer vor einer schwierigen Aufgabe oder vor einem gefährlichen Einsatz in aller Öffentlichkeit ein Kreuzzeichen machen, bevor sie beginnen. Damit stellen sie sich unter den Schutz des dreifaltigen Gottes. Das war auch früher bei uns üblich. Heute haben wir gelernt, uns dafür zu schämen, das Kreuzzeichen öffentlich und außerhalb eines Kirchenraumes zu machen. Ja, das wäre schon eine Provokation ...

Aber man kann es ja auch nur für sich tun. Bevor ich in die schwierige Sitzung gehe; sobald ich mit dem Wagen auf der Autobahn bin; als ersten Schritt in einen erbitterten Konflikt. Das Kreuzzeichen steht mir bei.

Ehre sei dem Vater – Macht, Zeit, Einsamkeit

In vielen gottesdienstlichen Gebeten der Christen taucht rituell am Ende immer diese Formel auf. In den Frauen- und Männerorden verbeugt man sich tief, während diese Worte gesprochen werden.

Ehre sei dem Vater
und dem Sohn
und dem Heiligen Geiste,
wie im Anfang,
so auch jetzt und allezeit
und in Ewigkeit.
Amen.

Es geht bei diesem Gebet um drei ganz große Themen für Männer, nämlich um Macht, Zeit und Einsamkeit.

Macht

Früher hatte „Ehre" in den westlichen Ländern eine viel höhere Bedeutung als heute. Wegen vermeintlich verletzter Ehre konnte man sich fordern und im Duell töten. In der Industrialisierung nahm die Bedeutung der „Ehre" natürlich ab; zwei große Weltkriege mit ungeheuren Opferzahlen, die seinerzeit immer mit der jeweiligen

„Ehre" im Mund geführt worden waren, schienen dem Wort den Rest gegeben zu haben.

Unter Männern spielt Ehre dennoch auf allen Kontinenten und immer noch eine wichtige Rolle. Ehre erweisen Männer heute gegenüber jemandem, vor dem sie Respekt empfinden – weil er mehr Erfahrung und Kenntnisse hat oder weil er eine Macht über sie besitzt, deren Recht sie anerkennen.

Die Aussage „Ehre sei dem Vater" usw. steht dafür, dass Ehre zunächst einmal dem Erschaffer der Welt gebührt und erst lange danach menschlichen Wesen. Die Bewegung der Quäker rief seinerzeit im anglikanischen England große Empörung damit hervor, dass ihre Mitglieder vor niemandem den Hut abzogen, auch nicht vor dem König, wohl aber, wenn sie ein Gotteshaus betraten.

An der Ehre gegenüber Gott hat sich alle andere Ehre zu messen. Damit relativiert sich für Männer jedes Machtsystem, in dem sie sich befinden.

Zeit

Ebenso wie am Anfang der Zeit, so wirkt Gott auch jetzt und heute und er wird auch dann so wirken, wenn es keine Zeit mehr gibt.

Angesichts lauter Eilig-Wichtig-Jetzt-Sofort-Botschaften, die Männer tagaus, tagein bei ihrer Arbeit zu hören bekommen, kann das ein tiefer Trost sein. So wichtig und eilig vieles daherkommt (und es ist ja auch tatsächlich vieles dringend), so entlastend ist es doch auch, zu wissen, dass es einen Herrn der Zeit gibt – und der ist nicht mein Chef, nicht mein Aufsichtsrat, nicht mein Kunde oder mein Kollege.

„Wie im Anfang ... und in Ewigkeit" ist ein sperriger Gedanke, der die kleine Zeiteinheit, die ich gerade noch überblicken kann, in den Rahmen setzt, in den sie gehört. Damit kann man erst einmal tief Luft holen. Dieses kurze Gebet ist, wenn man es ernst nimmt, eine Vorbeugung gegen jeden Infarkt.

Einsamkeit

Wenn Menschen zu lange mit sich allein bleiben, werden sie sonderlich. Ganz egal, ob sie in einer Einzelzelle sitzen oder in einer Führungsposition, in der sie mit niemandem auf Augenhöhe reden können. Ob sie den Ärger im Job immer nur mit sich selbst ausmachen, weil sie cool sein wollen, oder ob sie systematisch allein vor der Glotze abhängen.

Der Gott, an den Christen glauben, ist kein einsamer Gott, sondern ein Gott, der in sich in Gemeinschaft lebt. Keine in sich selbst eingesargte Selbstzufriedenheit, kein vor Verantwortung isolierter Alleskönner, kein wortlos duldender Universalchef; sondern ein Gott, der in lebendiger Gemeinschaft lebt, ein Vater, ein Sohn und ein Heiliger Geist, ein Beziehungsgott. Ein Gott, der Männer einlädt, Beziehungswesen zu werden: verwundbar, gemeinschaftsfähig, bereit, den ersten Schritt zu tun.
Genau der richtige Gott für Männer.

Der Rosenkranz – Wie wird Gott ein Mensch?

Einiges spricht dafür, dass das Beten mit Hilfe einer Gebetskette von den Christen erst zur Zeit der Kreuzzüge importiert wurde. Die Muslime gebrauchten dieses Werkzeug des Gebets auch – im Arabischen heißt es bis heute „misbacha“ – und sehr wahrscheinlich sahen Europäer dort diese merkwürdige Art des Betens zum ersten Mal. Die Muslime hatten dabei eine Schnur in der Hand, auf der Holzperlen aufgezogen waren. Jede Perle stand für einen der hundert Namen Gottes aus dem Koran. Durch die ständige Wiederholung dieser heiligen Namen wollten gläubige Muslime in intensiven Kontakt mit Gott gelangen.

Als diese Form des Gebets nach Europa kam, wurde sie rasch zum beliebtesten Gebet unter den Menschen, die nicht lesen und schreiben und schon gar kein Latein konnten. Sie kannten das alte Gebet des „Ave Maria“ bereits, nun verknüpften sie es mit der Technik der Gebetskette, und so entstand der so genannte „Rosenkranz“ – genauso wenig ein Frauengebet (oder genauso viel) wie die muslimische „misbacha“:

Gegrüßet seist du, Maria,
voll der Gnade,
der Herr ist mit dir.
Du bist gebenedeit unter den Frauen
und gebenedeit ist die Frucht deines Leibes,
Jesus.
Heilige Maria, Mutter Gottes,
bitte für uns Sünder,
jetzt und in der Stunde unseres Todes.
Amen.

Eine Rosenkranzkette besteht im Prinzip aus einer Folge von Abschnitten zu je zehn Perlen. Der Beter hat sie in der Hand liegen. Bei jeder Perle wird dieser obige Text gebetet. Wenn das zehn

Mal hintereinander in einer Gruppe gesprochen wird, kurz unterbrochen von einem Vaterunser, und danach schon die nächsten zehn Perlen bzw. Wiederholungen kommen, bis am Ende fünf solcher Einheiten gebetet worden sind, dann kann für Außenstehende leicht der Eindruck von etwas Heruntergeleiertem entstehen. Natürlich ist dann etwas schief gegangen; kein gemeinschaftliches Gebet ist vor so etwas gefeit.

Aber das gemeinte Prinzip ist ein anderes, nämlich das des Mantras, von dem wir beim Herzensgebet schon gehört haben. Auch beim Rosenkranz geht es um Rhythmus. Darum ist es am einfachsten, dieses Gebet auch dann laut zu beten, wenn man das allein tut.

Der Inhalt dieses Gebets wäre aber als bloßes Mariengebet gründlich missverstanden. Denn im Innersten dieser Meditation konzentrierten sich die Betenden vor allem auf das Geheimnis, das in der ganzen Geschichte des Christentums alle Generationen fasziniert und beunruhigt hatte: Wie soll es möglich sein, dass der Erschaffer der Welt ein Mensch wie du und ich werden kann?

Gegrüßet seist du, Maria, voll der Gnade, der Herr ist mit dir

Der Text entstammt in den wichtigsten Aussagen einer ganz bestimmten Szene des neuen Testaments (vgl. Lukas 1,28 ff.). In dieser Szene kommt ein Engel zu einer jungen Frau namens Maria, begrüßt sie und kündigt ihr an, dass sie den Messias zur Welt bringen werde. Maria hat mit ihrem Verlobten Josef zu diesem Zeitpunkt noch kein Kind gezeugt, zweifelt, wundert sich, vertraut am Ende aber dem Wort des Engels.

So kurz kann man diese Szene zusammenfassen. Man kann leicht dabei vergessen, dass diese Ankündigung in eine von Männern durch und durch beherrschte Gesellschaft platzte. Denn nach jüdischem Gesetz galt eine Schwangere, die nicht verheiratet war, als ehebrüchig. Darauf stand die Todesstrafe. Obwohl Maria sich wohl kaum etwas Konkretes darunter vorstellen konnte, wie dieses Kind entstehen sollte, wenn sie doch noch Jungfrau war, hat sie sich darauf eingelassen – eine Bereitschaft, die ihr die Überlieferung der Christen angesichts der alles andere als Mut machenden Umstände hoch angerechnet hat. Zum Risiko bereit sein wie Maria: das war jahrhundertelang auch für Männer ein Vorbild.

Du bist gebenedeit unter den Frauen und gebenedeit ist die Frucht deines Leibes, Jesus

Mit diesen Zeilen wird die schwangere Maria von ihrer Freundin Elisabet begrüßt. „Gebenedeit“ ist nur ein altes Wort für „gesegnet“. Eigentlich geht es beim Rosenkranz um zwei Fragen, die die Männer aller Zeiten zutiefst bewegt haben: Wie kommt Gott in mich hinein – und wie komme ich in Gott hinein?

Für Männer war es noch im Mittelalter ganz nahe liegend, danach zu fragen, wie Gott in mir geboren werden könne. Es ging nicht um Biologie, das war allen viel klarer als heute. Angelus Silesius, ein mystischer Dichter aus der Zeit des Dreißigjährigen Kriegs, drückte es später so aus: „Wird Christus tausend Mal zu Betlehem geboren / und nicht in dir: du bleibst noch ewiglich verloren“.

Sobald der Name „Jesus“ in diesem Gebet genannt wird, wird er innerhalb des Rosenkranzes mit einem erklärend-bittenden Zusatz versehen, z. B. „Jesus – der in uns den Glauben vermehre“; „Jesus – der in uns die Liebe entzünde“ usw.

Heilige Maria, Mutter Gottes

Zur „heiligen Maria“ wurde die junge Frau erst viel später, da hatte sie schon mit ansehen müssen, wie ihr Sohn hingerichtet wurde. Und über die Frage, ob diese Frau mit der Geburt ihres Sohnes Jesus auch zur „Mutter Gottes“ geworden war, spaltete sich im 4. Jahrhundert nach Christus das Christentum zum ersten Mal. Viele Theologen wollten das damals nicht so ausdrücken, es klang ihnen zu unausgewogen, zu direkt, zu naiv. Aber das ungebildete Volk setzte es durch. Ihre Maria war für sie die Mutter Gottes.

Bitte für uns Sünder, jetzt und in der Stunde unseres Todes

Dass Männer grundsätzlich Fürbitte nötig hätten, bedeutet vielleicht eine kleine Zumutung für manche von ihnen, aber für dieses Gebet ist es selbstverständlich. Und es behauptet noch etwas sehr altertümlich Klingendes, nämlich dass wir „Sünder“ seien. Damit ist vermutlich nicht zuerst der eine oder andere konkrete Moralverstoß gemeint, sondern vielmehr unsere Unfähigkeit, etwas durch und durch Gutes zu tun. Irgendwas geht immer daneben. Auch wenn wir es nicht wollen, tun wir Menschen weh.

Um das Maß des Unzeitgemäßen voll zu machen, bitten Männer in diesem Gebet auch noch um Beistand beim Sterben.

Dass niemand die Stunde seines Todes kennt, obwohl sie jederzeit eintreten kann, ist eigentlich banal, aber nichts wird so bereitwillig von Männern aus dem Leben gedrängt wie diese einfache Tatsache. Denn wenn man das wirklich eingestehen würde, bliebe eigentlich keine Zeit mehr, um das aufzuschieben, was man für wirklich wichtig hält. Angesichts dieser Nähe zum Tod verblasst die Bedeutung aller Sachzwänge, jeder Karrieredruck, jeder verzweifelte Stress. Und wie gut, wenn man nicht allein sterben muss!

Vergessene Gebete

WORTE VON WANDERERN UND KRIEGERN

Die Freiheit aufzubrechen

Männer aller Zeiten und aller Lebensumstände haben gewusst, dass es mehr im Leben geben muss als nur das bisher [illegible], was [illegible] gerade vor den Augen liegt. Männer in der Zeit vor Christus haben sich genauso wie danach auf ihre ganz eigenen Wege begeben und sind ihrer je besonderen Berufung gefolgt. In jeder Generation haben unzählige Männer ihre persönlichen Erfahrungen mit dem Gebet gemacht.

Die wenigsten haben ihre Erfahrungen damit aufgeschrieben oder sogar festgehalten, mit welchen Worten sie gebetet haben. Die Kirchen hatten in ihren offiziellen Riten auch oft wenig Interesse, solche Texte aufzunehmen. So ist Männern unserer Tage vieles davon nicht mehr gegenwärtig. Einigen wenigen Spuren wollen wir aber doch nachgehen: vergessenen Gebeten für Wanderer und Krieger.

Du, der über uns ist,
Du, der einer von uns ist,
Du, der ist –
auch in uns;
dass alle dich sehen – auch in mir,
dass ich den Weg bereite für dich,
dass ich danke für alles, was mir widerfuhr.
Dass ich dabei nicht vergesse der anderen Not.
Behalte mich in deiner Liebe,
so wie du willst, dass andere
bleiben in der meinen.
Möchte sich alles in diesem meinem Wesen
zu deiner Ehre wenden,
und möchte ich nie verzweifeln.
Denn ich bin unter deiner Hand,
und alle Kraft und Güte sind in dir.

Gib mir einen reinen Sinn – dass ich dich erblicke,
einen demütigen Sinn – dass ich dich höre,
einen liebenden Sinn – dass ich dir diene,
einen gläubigen Sinn – dass ich in dir bleibe.

DAG HAMMARSKJÖLD (1905–1961),
machte Karriere als Diplomat im schwedischen Außenministerium. 1953 wurde er Generalsekretär der UNO. Er starb in Zentralafrika nach einem Flugzeugabsturz. Dieses Gebet hielt er 1954 fest.

Größers wolltest auch du, aber die Liebe zwingt
All uns nieder, das Leid beuget gewaltiger,
Doch es kehret umsonst nicht
Unser Bogen, woher er kommt.

Aufwärts oder hinab! herrschet in heilger Nacht,
Wo die stumme Natur werdende Tage sinnt,
Herrscht im schiefesten Orkus
Nicht ein Grades, ein Recht noch auch?

Dies erfuhr ich. Denn nie, sterblichen Meistern gleich,
Habt ihr Himmlischen, ihr Alleserhaltenden,
Dass ich wüsste, mit Vorsicht
Mich des ebenen Pfads geführt.

Alles prüfe der Mensch, sagen die Himmlischen,
Dass er, kräftig genährt, danken für alles lern,
Und verstehe die Freiheit,
Aufzubrechen, wohin er will.

FRIEDRICH HÖLDERLIN (1770–1843),
stellte dieses Gebets-Gedicht am Ende des 18. und dem Beginn des 19. Jahrhunderts unter den Titel „Lebenslauf". Er starb nach vierzig Jahren geistiger Umnachtung.

Von guten Mächten treu und still umgeben,
behütet und getröstet wunderbar,
so will ich diese Tage mit euch leben
und mit euch gehen in ein neues Jahr.

Noch will das alte unsre Herzen quälen,
noch drückt uns böser Tage schwere Last.
Ach, Herr, gib unsern aufgescheuchten Seelen
das Heil, für das du uns bereitet hast.

Und reichst du uns den schweren Kelch, den
bittern,
des Leids, gefüllt bis an den höchsten Rand,
so nehmen wir ihn dankbar ohne Zittern
aus deiner guten und geliebten Hand. [...]

Von guten Mächten wunderbar geborgen,
erwarten wir getrost, was kommen mag.
Gott ist mit uns am Abend und am Morgen
und ganz gewiss an jedem neuen Tag.

DIETRICH BONHOEFFER (1906–1944)

Der prominente Theologieprofessor Dietrich Bonhoeffer hätte sich in Sicherheit bringen können, blieb aber in Deutschland und schloss sich dem Widerstand gegen die Nazis an. Dieses Gebet schrieb er drei Monate vor seiner Hinrichtung.

Wenn an meinem Leib
(und weit mehr noch an meinem Geist)
der Verschleiß des Alters
Spuren zu hinterlassen beginnt;
[...] in der schmerzlichen Minute,
da ich mir mit einem Schlage bewusst werde,
dass ich krank bin oder dass ich alt werde;
in dem letzten Augenblick vor allem,
da ich spüre,
dass ich mir selbst entgleite,
absolut passiv in den Händen
der großen unbekannten Kräfte,
die mich gebildet haben;
in allen diesen dunklen Stunden
gib mir, mein Gott, das Begreifen,
dass du es bist [...],
der schmerzhaft die Fasern meines Seins
beiseite schiebt,
um bis in das Mark meiner Substanz einzudringen,
um mich in dich hinein fortzureißen.

PIERRE TEILHARD DE CHARDIN (1881–1955),
Jesuit, Paläontologe, war einer der Ersten, der die Bibel nicht mehr nur wörtlich verstehen wollte; dafür wurde er mit Schreibverbot und Exil bestraft. Dieses Gebet aus seinem Buch „Das göttliche Milieu“ schrieb er 1926/27 in China.

Lehre mich, in dieses Land
jenseits der Worte
und jenseits der Namen zu gehen.

Ich habe es nötig,
von dir geführt zu werden.
Ich habe es nötig,
dass mein Herz von dir bewegt wird.
Ich habe es nötig,
dass mein Wille von dir gestärkt wird.
Ich habe es nötig,
dass die Welt von dir errettet und verändert wird.

Ich habe dich nötig,
um aus mir,
als deinem Sohn,
einen Heiler, einen Tröster,
einen Retter zu machen.
Ich habe dich für mich selbst nötig,
ob ich lebe oder sterbe.

THOMAS MERTON (1915–1968),
amerikanischer Trappistenmönch, engagierte sich leidenschaftlich gegen den Vietnamkrieg. Er starb durch einen Unfall. Dieses Gebet stammt aus dem Jahr 1956.

Gib uns reinen Geist,
damit wir dich sehen,
demütigen Geist,
damit wir dich hören,
liebenden Geist,
damit wir dir dienen,
gläubigen Geist,
damit wir dich leben.

Du,
den ich nicht kenne,
dem ich doch zugehöre.

Du,
den ich nicht verstehe,
der dennoch mich weihte
meinem Geschick.
Du –

DAG HAMMARSKJÖLD (1961)

Die Nacht ist vorgedrungen,
der Tag ist nicht mehr fern.
So sei nun Lob gesungen
dem hellen Morgenstern.
Auch wer zur Nacht geweinet,
der stimme froh mit ein.
Der Morgenstern bescheinet
auch deine Angst und Pein. […]

Gott will im Dunkel wohnen
und hat es doch erhellt.
Als wollte er belohnen,
so richtet er die Welt.
Der sich den Erdkreis baute,
der lässt den Sünder nicht.
Wer hier dem Sohn vertraute,
kommt dort aus dem Gericht.

JOCHEN KLEPPER (1903–1942),
war einer der bekanntesten protestantischen Autoren und Lieddichter Deutschlands. Als seine Frau als Jüdin im Dritten Reich verhaftet werden sollte, schied er 1942 mit ihr freiwillig aus dem Leben. Diesen Text schrieb er 1938.

Ach, du weißt es selbst, Herr,
da du menschlich die Angst getragen hast.
Die Welt erscheint uns an gewissen Tagen
als etwas Schreckliches:
unermesslich, blind, gewalttätig.
Sie schüttelt uns, zerrt uns mit,
tötet uns, ohne Rücksicht. […]
Wie gebrechlich ist die Wohnung der Menschen!
In jedem Augenblick bricht durch alle Spalten
das große Schreckliche herein […]:
Feuer, Pest, Sturm, Erdbeben,
Entfesselung dunkler geistiger Kräfte …

Mein Gott, da mir meine menschliche Würde verbietet,
davor die Augen zu verschließen
wie ein Tier oder ein Kind
– damit ich nicht der Versuchung unterliege,
das Universum und den, der es geschaffen hat,
zu verfluchen –,
gib, dass ich es anbete,
indem ich dich verborgen in ihm sehe.

PIERRE TEILHARD DE CHARDIN (1927)

Wann Morgenröt'
die Nacht ertöt'
mit ihren goldnen Strahlen,
wach' ich zu Gott,
zu meinem Gott,
ruf ihm zu vielen Malen.

Ich wach' zu Gott,
zu dir, mein Gott,
mein Augen zu dir kehre:
und ruf dann frei,
mit mattem Schrei;
mich dürst' nach dir so sehre.

Nimm vollends hin
all' meine Sinn',
nimm alles weg zur Stunden,
bin lauter dein,
und gar nicht mein,
geb' ganz mich überwunden.

FRIEDRICH SPEE VON LANGENFELD (1591–1635), berühmter Barock-Dichter, Jesuit, kämpfte leidenschaftlich gegen den Hexenglauben. Ging freiwillig als Krankenpfleger in die von der Pest befallene Stadt Trier und starb selbst an der Seuche. Der Text stammt aus dem Jahr 1634.

O mein Gott,
ich werfe mich auf dein Wort hin
in den Strudel der Kämpfe und der Energien,
in denen sich mein Vermögen entwickeln wird,
deine heilige Gegenwart
zu erfassen und zu erfahren.

Wer leidenschaftlich Jesus liebt,
verborgen in den Kräften,
die die Erde wachsen lassen,
den wird die Erde mütterlich
in ihren Riesenarmen emporheben,
und sie wird ihn
das Angesicht Gottes schauen lassen.

PIERRE TEILHARD DE CHARDIN,
„Die Messe über die Welt", mongolische Wüste 1923.

Wenn du den besseren Überblick hast,
wenn du etwas kannst in meiner Seele,
bringe mir das Zögern bei,
impfe mich mit dem Wenn und Aber.
Wirf deinen Wind gegen mich,
wenn ich mich fortreiße,
wenn ich meinen Wünsche
den stärksten Namen gebe,
die Atomladung – Gott.

Stelle dich auf vor mir.
Rehabilitiere die Fragezeichen,
ehe es still wird hinter meinen Zähnen,
ehe ich alles erledigt habe,
ehe ich eine Gaskammer geworden bin, ein Bunker,
ein Loch ohne Atem, ummauert
von gefalteten Händen.
Stelle dich auf vor mir mit den Fragezeichen. [...]
Aber lass mich nicht zweifeln,
wenn ein Kind mich bittet
um die Milch und den ruhigen Schlaf
und die rechte Hand.

GOTTFRIED BACHL (geb. 1932),
Salzburger Theologieprofessor und Dichter, ersteres im Ruhestand. Das „Gebet zum Schutzengel der Skepsis“ wurde 1987 veröffentlicht.

[...]
In mir ist es finster,
aber bei dir ist Licht;
ich bin einsam,
aber du verlässt mich nicht;
ich bin kleinmütig,
aber bei dir ist Hilfe;
ich bin unruhig,
aber bei dir ist der Friede;
in mir ist Bitterkeit,
aber bei dir ist die Geduld;
ich verstehe deine Wege nicht,
aber du weißt den rechten Weg für mich.

DIETRICH BONHOEFFER,
Weihnachten 1943, in Haft.

Der du die Zeit in Händen hast,
Herr, nimm auch dieses Jahres Last
und wandle sie in Segen.
Nun von dir selbst in Jesus Christ
die Mitte fest gewiesen ist,
führ uns dem Ziel entgegen.

Da alles, was der Mensch beginnt,
vor seinen Augen noch zerrinnt,
sei du selbst der Vollender!
Die Jahre, die du uns geschenkt,
wenn deine Güte uns nicht lenkt,
veralten wie Gewänder. [...]

Der du allein der Ewge heißt
und Anfang, Ziel und Mitte weißt
im Fluge unsrer Zeiten:
bleib du uns gnädig zugewandt
und führe uns an deiner Hand,
damit wir sicher schreiten!

JOCHEN KLEPPER (1938)

Oh barmherziger Vater,
du siehst mich hier.
Du liebst mich hier.
Hier erwartest du von mir nichts,
als dein Freund zu sein.

Dein Freund zu sein
heißt nichts anderes,
als deine Freundschaft anzunehmen,
weil es deine Freundschaft ist.
Diese Freundschaft ist dein Leben,
der Geist deines Sohnes.

Du hast mich hierher gerufen,
um dein Sohn zu sein:
neu geboren zu werden,
immer wieder,
in deinem Licht,
im Wissen, im Bedenken,
in Dankbarkeit, in Armut und im Lob.

Sende mir deinen heiligen Geist,
vereine mich mit deinem göttlichen Sohn,
und lass mich eins werden mit dir
in Ihm zu deiner großen Herrlichkeit.

THOMAS MERTON (1961)

Die güldne Sonne
voll Freud und Wonne
bringt unsern Grenzen
mit ihrem Glänzen
ein herzerquickendes, liebliches Licht.
Mein Haupt und Glieder,
die lagen darnieder:
aber nun steh ich,
bin munter und fröhlich,
schaue den Himmel mit meinem Gesicht. […]

Alles vergehet,
Gott aber stehet
ohn' alles Wanken;
seine Gedanken,
sein Wort und Wille hat ewigen Grund.
Sein Heil und Gnaden,
die nehmen nicht Schaden,
heilen im Herzen
die tödlichen Schmerzen,
halten uns zeitlich und ewig gesund.

PAUL GERHARDT (1607–1676),
berühmter Lieddichter des Barock, erlebte genug vom Dreißigjährigen Krieg, um das Dichten sein zu lassen. Aber er schrieb und sang trotzdem.

Vor dir, Vater,
in Gerechtigkeit und Demut,
mit dir, Bruder,
in Treue und Mut,
in dir, Geist,
in Stille.

Dein – denn dein Wille ist mein Geschick,
geweiht – denn mein Geschick ist,
gebraucht und verbraucht zu werden,
nach deinem Willen.

DAG HAMMARSKJÖLD (1956)

Meine Seele ist
zu Tode betrübt.
[…]

Mein Vater,
wenn es möglich ist,
gehe dieser Kelch
an mir vorüber.
Aber nicht wie ich will,
sondern wie du willst.
[…]

Mein Vater,
wenn dieser Kelch
an mir nicht vorübergehen kann,
ohne dass ich ihn trinke,
so geschehe dein Wille.

JESUS VON NAZARET (ca. 7 v. Chr. – 30 n. Chr.),
in der Nacht vor seiner Festnahme
(Matthäus 26,38–42).

Textquellen

S. 103 Dag Hammarskjöld. Aus: Ders., Zeichen am Weg, © Droemersche Verlagsanstalt Th. Knaur Nachf. GmbH & Co. KG, München 1997

S. 105 Dietrich Bonhoeffer, Von guten Mächten (Strophen 1–3, 7). Aus: Ders., Widerstand und Ergebung. Briefe und Aufzeichnungen aus der Haft, hrsg. v. E. Bethge, © Chr. Kaiser/Gütersloher Verlagshaus GmbH, Gütersloh 17 2002

S. 106 Pierre Teilhard de Chardin. Aus: Ders., Das göttliche Milieu. Ein Entwurf des inneren Lebens, © Benziger Verlag, Düsseldorf 2000

S. 107 Thomas Merton. Aus: P. Hart/J. Montaldo (Hg.), Thomas Merton – Der Mönch der sieben Stufen, © Patmos Verlag, Düsseldorf 2000

S. 108 Dag Hammarskjöld. Aus: Ders., Zeichen am Weg, © Droemersche Verlagsanstalt Th. Knaur Nachf. GmbH & Co. KG, München 1997

S. 109 Jochen Klepper, Die Nacht ist vorgedrungen. Aus: Ders., Ziel der Zeit. Die gesammelten Gedichte, © Luther-Verlag, Bielefeld [7] 2003

S. 110 Pierre Teilhard de Chardin. Aus: Ders., Das göttliche Milieu. Ein Entwurf des Inneren Lebens, © Benziger Verlag, Düsseldorf 2000

S. 111 Friedrich Spee. Aus: Ders., Trutz-Nachtigall (1649), Verlag A. Francke GmbH, Tübingen 1985

S. 112 Pierre Teilhard de Chardin. Aus: Ders., Das Herz der Materie, © Walter Verlag, Düsseldorf 1990

S. 113 Gottfried Bachl, Gebet zum Schutzengel der Skepsis. Aus: Ders., Der beneidete Engel. Theologische Skizzen, © Verlagsanstalt Tyrolia, Innsbruck 2001

S. 114 Dietrich Bonhoeffer, Morgengebet (2. Strophe). Aus: Gebete für Mitgefangene, Weihnachten 1943. Aus: Ders., Widerstand und Ergebung. Briefe und Aufzeichnungen aus der Haft, hrsg. v. E. Bethge, © Chr. Kaiser/Gütersloher Verlagshaus GmbH, Gütersloh [17] 2002

S. 115 Jochen Klepper, Neujahrslied (Strophen 1, 2, 6). Aus: Ders., Ziel der Zeit. Die gesammelten Gedichte, © Luther-Verlag, Bielefeld ^{7}2003

S. 116 Thomas Merton. Aus: P. Hart/J. Montaldo, Thomas Merton – Der Mönch der sieben Stufen, © Patmos Verlag, Düsseldorf 2000

S. 118 Dag Hammarskjöld. Aus: Ders., Zeichen am Weg, © Droemersche Verlagsanstalt Th. Knaur Nachf. GmbH & Co. KG, München 1997

Register

Anmerkungen

1 Pierre Teilhard de Chardin, Das göttliche Milieu. Ein Entwurf des inneren Lebens, Freiburg i. Br. 1982

2 Vgl. Kallistos Ware / Emmanuel Jungclaussen, Hinführung zum Herzensgebet, Freiburg i. Br. 2004

3 Jürgen Kuhlmann, „Das Geheimnis von Bühne und Fest". Aus: Ders., Etappen der Großen Liebesgeschichte. Wie Glaube zugleich bestimmt sein und Frieden stiften kann, Nürnberg 2001

4 Vgl. Walter-Jörg Langbein, Lexikon der biblischen Irrtümer. Von A wie Auferstehung Christi bis Z wie Zeugen Jehovas, München 2003, S. 289

PETER MODLER, Jahrgang 1955, war einer der Aktivisten in der ökologischen Widerstandsbewegung der 70er Jahre. Nach dem Ende seines Theologiestudiums brachte ihm das ein kirchliches Berufsverbot ein. Als Zimmermann arbeitete er jahrelang auf Baustellen in Südbaden und promovierte dann doch noch als Theologe. Ab Anfang der 90er Jahre übernahm er Führungspositionen in der Medienbranche und gründete eigene Firmen. Seit 1998 leitet er seine Unternehmensberatung in Freiburg, in der er sich besonders um berufliche Potenzialermittlung und um die Begleitung von Führungskräften kümmert. Und katholisch ist er immer noch. (Wenn Sie Interesse am Seminarprogramm des Autors haben, fordern Sie Informationen per e-Mail unter modler@gmx.de an.)

Peter Modler
Lebenskraft Tradition
Vier-Türme-Verlag
Münsterschwarzach